環境教育とは何か

良質な環境を求めて

岩田好宏 著

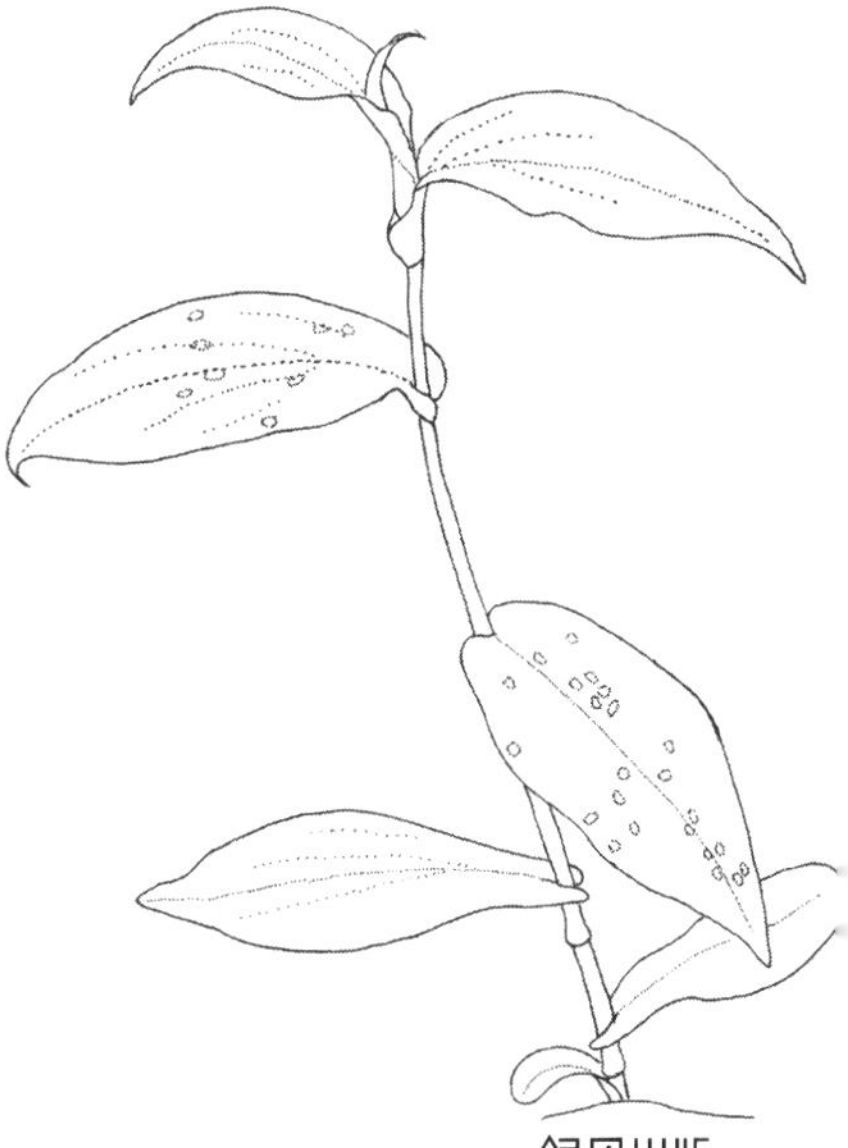

緑風出版

目　次

環境教育とは何か——良質な環境を求めて

はじめに

この書は、はじめ『環境教育の基礎理論』として書き進めました。環境教育（環境学習の指導）が日本で誕生してから、四〇年が経ちましたが、未だに環境教育とは何かということが明確にされていなかったからです。そればかりか、一九九二年にブラジルのリオデジャネイロで開催された地球環境サミットの時を頂点に、環境教育の勢いが衰え、消滅の危機が訪れているように思えます。その原因はいろいろありますが、ここでは、二つのことを述べておきたいと思います。その一つは、教育の基本から実際の細部まで規制・管理している文部科学省などの教育行政担当者が、環境教育に不熱心であることです。環境教育は、その前身である自然保護教育も公害教育もそうであったように、民意によって生まれたものであり、長い間、民の教育として進められてきました。これは、あらたな教育を生み出す契機としては、日本ではあまりみられないことでした。しかし、いつまでも自然保護や環境保全に熱心な人に頼り、まかせるのではなく、環境教育を、ことばや数量、あるいは社会や自然、芸術の教育などと同じように、国民全体の同意により普通の教育として進められるべきですが、それがされませんでした。

もう一つは、基礎理論を確立しようとする努力の欠如が上げられます。巷に環境破壊や自然破壊があふれていますから、現実から素材をみつければ環境教育が展開できるという安易さがありますし、人間と環境との関係は、人間の存在の基盤ですから、人間の行動や外界について扱えば、なんでも環境教育論になりうるという面もあります。そうした中で、環境、自然にかかわる問題についての社会的な取り組み、教育実践を追認するだけのものが多く、基礎についての理論的な取り組みがされてきませんでした。

しかし、書き進め、考えていく中で、もっとも根本的なこととして、「人間にとって良質な環境とはいかなるものか」ということがほとんど論じられていないことに気付きました。そこでこれを軸として環境論と教育論を展開する方針にきりかえ、今のような書名にしました。

この書の本文は、二部七章と、その前後の序章と終章から成り立っております。

序章では、環境教育は、何を前身として生まれたのかを検討しております。小学校理科、成城小学校の自然科、自然保護教育、公害教育についてふれました。そこから環境教育を考える糸口になることを示しました。

第一部は、三つの章から成っています。主題は、「環境とは何か」ということです。一章では、農村と都市を、人間と環境との具体的な関係の例として取り上げました。二章で環境論に取り組みました。三章では、人間と環境との関係の、もう一つの具体的な関係である「野生世界」について論じました。人間の環境との関係は、人間が生物と深くかかわる「人間世界」と、かかわりが希薄な「野生世界」とに二分され、人間世界は都市と農村に分かれるというように考えました。これらの論議ののちに、環境教育でいう環境とは何かを明らかにする論議に取り組むことにします。

第二部は、自然学習、農業学習、Education for Sustainable Development、地域学習の四つについて論じます。はじめの三つは、環境学習と強い結びつきがあり、明確な区別がされず、そのために環境教育がどのようなものであるか、判然としない原因となっています。それだけでなく、このまま放置すれば、環境教育は消滅する危機にあるとさえ考えます。ここでは、この四つの学習と環境学習とを明確に区別し、そして結びつけるという理論的な作業を試みました。

また、このあとに七章として、環境学習と地域学習との関係について論じました。

以上のような、論議のあと、環境教育を活発に展開していただくために終章で環境教育を「環境保全主体形成の教育」と定義して、その具体的な課題を提示しました。

序章　環境教育の誕生まで[1]

◆小学理科における自然を愛する心の育成

安藤聡彦・新田和子によれば、[2] 環境教育の前身について、四つの説がある。その一つは、小橋佐知子による、一八八六（明治一九）年の小学校令により生まれた理科にみられるというものである。小橋は、〈「自然を愛する心」の育成は、環境教育の基礎となる重要な課題である〉といい、一八九一（明治二四）年の「小学校教則大綱」の〈理科ハ通常ノ天然物及現象ノ観察ヲ精密ニシ其相互及人生ニ対スル関係ノ大要ヲ理会（ママ）セシメ兼ネテ天然物ヲ愛スル心ヲ養ウヲ以テ要旨トス〉という方針には、今日の環境教育の考え方に一致するものがあるとしている。[3] これには、北野日出男・木俣美樹男による異論がある。[4]

私は小橋の説に賛成できない。その根拠は二つある。一つは、「自然を愛する心」が愛好であって、愛護ではなかったことである。それは、当時発行された教科書編纂方針や内容から読み取ることができる。二つ目の根拠は、小学校教則大綱（以下、「大綱」と略称する）が要旨とした「天然物ヲ愛スル心ヲ養ウ」

が、教科書編纂・検定にあたって遵守されていなかったことである。当時の教科書の大半は、この方針を無視ないし軽視しており、きびしくなり始めた検定に合格していたという事実である。文部省の「大綱」にみられる、この方針は、文面上のものであって、実際にはそれほど重視されていなかったとみたい。

一八九三（明治二六）年に発行され、翌年に訂正された文学社発行の『新定理科書』の緒言には、〈理科教科書の世に行はるるもの既に甚だ多し、今此に本書を編纂するものは何んぞや。蓋し従来世に行はるる所の者は、多く徒らに事実を羅列するに過ぎず、夫の所謂『自然の美』に至りては絶えて之に説き及ぶものなし。故に生徒をして、理科の研究に無限の快楽あるを知らしむること能はず。随ひて理科教授の目的たる自然物を愛する精神を養成すること能はざるなり〉と述べ、当時の教科書の大半が、「大綱」に示されている「天然物ヲ愛スル心」を育成する方針を反映していないと嘆いていた。しかし、そう批判した文学社発行の『新定理科書』も、全編が自然愛護ではなく、自然観賞の手引書のような記述で貫かれており、愛好の心を養うにとどまっていた。当時の他の教科書の中には、その緒言で「自然を愛する心の育成」にふれているものもあったが、そのほとんどは大綱の文章を引き写したようなもので、本文の内容にはそうした記述がみられない。

しかし、そうした表向きの方針であっても、これを積極的に受けとめて評価し、自己化したものがなかったわけではない。富樫裕[5]によれば、一八九二（明治二六）年に刊行された文学社発行の高島勝次郎著『明治教科書』には、動物と植物が相互に依存しあっており、人類も動植物を資源として利用し、依存して生活していることを指摘し、さらに人類が動植物を保存・増殖していることにふれている。そして、山林田圃の虫害予防を具体的な例として、それを望むならば有益な鳥類を保護し、増殖するよう図らなければならないことを説いている。また、中等学校用教科書ではあるが、一九〇二（明治三五）年に箕作佳吉による『普通教育動物学教科書』には「自然界の平均」という言い方で、特別に自然界のある部分に増減が生まれた場合には、自然界全体に強い景況を及ぼすので、人為的に平均を破ってはいけないという記述がみられる。[6] また国定教科書時代に入って、文部省によって発行された『高等小学読本』には「天然記念物」の項がみられる。[7]

◆成城小学校の「自然科」

環境教育の前身についての第二の考えは、自然教育をそれとみる吉田正人のものである。[8] 吉田は、日本の環境教育の歩みを⑴一九二〇年代の成城小学校の自然科（一九四五年に「散歩科」とした）にみられる自然教育、⑵一九五〇年代の日本自然保護協会を中心とする自然保護教育と自然観察会の運動の結合、⑶一九六〇年代からの公害教育、⑷一九八〇年代からの環境教育というように、四つの段階を経てきたとみて、成城小学校の自然科を最初の前身としている。

成城小学校は、一九一七（大正六）年に創立され、その創立期から自然との直接的な交渉を通じての学習を重視した。「成城小学校創設趣意」には、**〈我校の希望理想と云ふが如きもの〉**の第二項に**〈自然と親しむ教育〉**があり、**〈近来外国で試みられつつある自然科（*Nature—Study*）をも課程に採用して児童の自然的要求に応じて教育せうと思ひます〉**と述べている。[9] これには具体的な方策がともなっていた。一つは、東京の中心地から離れた山林田圃の多い郊外に学園を設置したことがあげられる。第二には当時アメリカから帰国したばかりの和田八重造から理論的な援助を受け、設置者の一人であった諸見里朝賢が実際にあたり、低学年に「自然科」を設置したことである[10]。

この「自然科」がどのようなものであったかは、佐藤武が一九二〇（大正九）年に私立成城小学校内教育問題研究会機関誌『教育問題研究』の第四号に書いた「小学校に於ける学科課程を論ず」で明確にされている。佐藤は、各教科間の関連を重視して学科課程を体系的に組織したが、その中で、〈自然科（理科）を尋一より課し、尋二に至って此の自然科より分化して算術を課することとし、尋三に至って更に自然科より分化して地理を課することとし、一方尋三からは理科として先ず最初に博物と物理、それから漸次化学をも加ふるやうにする〉と述べている。この「自然科」は算術的、地理的、理科的な内容が混然とした未分化な教科であって、そこから学年が上に行くにしたがって、算術、地理、理科が派生的に分化するという樹状的な体系の出発点に位置づけられていた。その最初のところで自然との直接的な交渉が重視されていた。

この小学校の教育体系の中での「自然科」の位置をみると、環境教育とは二つの点で原理的に大きなちがいがある。一つは、自然との交わりが子どもの成長発達にとって重要な効果をもたらすという考え方が根底にあるということである。第二は、一九五二（昭和二七）年の実践記録からもうかがえることであるが、「自然科」は理科とも環境教育ともちがう、はるかに原初的で、しかも他教科との広範なつながりをもった教科となっているということである。もちろん、自然とのかかわりが深まり、自然についての理解・認識が進めば、そこから自然への愛着が生まれ、自然保護思想の萌芽が生まれる可能性が強い[11]。が、成城小学校の「自然科」はもっと広い学習世界のものであったと理解すべきである。

成城小学校の「自然科」と、吉田が環境教育の歩みの第二、第三の段階のものとしてあげた自然保護教育・公害教育とは、基本となる原理が異なる。後の二つのものは、自然破壊や環境汚染に対する危機感から生まれたもので、いわば社会的課題に対する教育への要請から生まれたものであるが、成城小学校やベイリ[12]は、子どもの発達成長を起点にした教育への要請から生み出されたものである。もちろん教育である限り、自然保護教育にも公害教育にも「子どもを育てる」という教育の基本原理が根底にあったであろう。

◆自然保護教育と自然観察

第三は、沼田眞の自然保護教育を環境教育の前身とする見方である[13]。自然保護教育を生み出した自然保護の思想と実践は、主として学術的に貴重な自然であるとか珍しい自然とかを保護するという考え方に立っていた点で、当初から人間にとっての環境の保全という思想が明確であったとは言い難い。この問題は、後に詳述するように、自然と環境のちがいと関係をどうとらえるかという問題と不可分であり、ここでは二つのことについてふれておきたい。一つは、その中心的な役割を果した日本自然保護協会が、自然保護思想の普及の手段として自然観察という教育的な運動の中で生まれてきたものということである。日本自然保護協会は、観察を通じての人間的な成長、変貌を基礎に、自然保護思想が生まれることを期待し、実現させようと実践してきた。自分たち人間とは別の、取り巻く外的世界の重要さに気づいて、それを保護するという考え方であり、そうした実践であったという点で、環境保全思想の萌芽がそこにみられたと私は解釈している。

もう一つは、今日の環境保全思想と密接な関係がありながら、公害教育にはみられない重要な考え方と実践が、自然保護思想、運動にみられたことである。つまり、保護すべき自然がどのようなものであるかを追究する作業が、多様性や、人間と自然の共存の思想につながる考え方を生み出す契機になったことである。

自然と環境とは、全く異なる概念であるから、思想的には環境保全と自然保護は別のことである。環境教育がとり上げている環境とは、人間を主体として「主体――環境」関係にある外的世界をいう。自然保護思想には、貴重な自然を残すという、人間の自然に対する評価、価値付けがあるが、人間との関係とは別の、そのものとしての存在を重視して保護するという考え方である。したがって、自然保護から環境保全への移行には、思想的な転換がともなったとみたい。しかし、環境保全思想には、自然保護思想が基盤になっている。「人間環境宣言」の第三項は、〈その害とは、水、大気、地球および生物における危険なレベルに達した汚染、生物圏の生態学的均衡に対する大きな、かつ望ましからざる混乱（後略）〉と述べている[14]。

◆公害教育

第四の説は、藤岡貞彦がいう公害教育を前身とみる考え方である[15]。

公害教育の多くは、公害の実態の理解から加害者である企業などの責任を追及するというものであった。生産活動の中でどのような有害物質がどのように発生し、地域の住民にどのような悪影響を及ぼしたかという実態を明らかにするというのは、まったく自然科学的な、あるいは技術学的な問題である。

生産工程の中で、有害物質が発生するのは物理化学的現象の問題であり、住民への悪影響はほとんど健康障害、生命の危機という生物学的問題であった。自然科学の問題としては、もう一つ、こうした公害問題が技術学を介して自然科学がかかわっていたという視点から、自然科学の社会的責任の問題がある。

一方、社会的な問題としては、そうした悪影響が出るにもかかわらず産業活動をすすめていた企業の社会的責任やそれを監督する立場にいる行政担当者が放置していたという責任、あるいは的確な管理・監督を遂行するための法規が不備であったという日本社会の社会体制としての問題があった。

しかし、公害学習のもっとも重要なところは、そうした公害問題に取り組んだ被害者、住民の環境権行使の学習であったはずである。社会的弱者が、公害問題をどう乗り越えたかというところに、環境権を生きたかたちで学びとるというところに公害学習の本質があった。被害者が団結し、不備が多かった法規を最大限活用し、周辺住民や市民の支援を受けて、科学者、医師などの専門的な協力をえて、加害者や公害を放置した行政担当者とたたかい抜いたことを学ぶところにあったと考えることができる。そうした姿を地域民の住民運動としてとらえ、地域のあり方の学習へと転化させる視点からとらえるということもみられた。(16) 公害教育は、公害を社会的問題としてとらえ住民自治の学習としてとらえようとした考え方である。

日本における環境教育は、一九七二年、ストックホルムで開催された国連人間環境会議において採択された「人間環境宣言」を基礎にして生まれたものである。それは、環境保全が、戦争回避とともに世界人類の平和的共存を支える基礎の確立、その自然的基盤の確立という意味で、人類の今日的かつ歴史的課題であることを明確にし、この課題に応える一つの方法として教育の果たすべき役割を明確にした。

「人間環境宣言」は、その「原則」の第一九項を教育にあて、つぎのように述べている。[17]〈若い世代および成人――恵まれない人々に妥当な配慮を払いつつ――のための環境問題についての教育は、人間環境を保護し、改善する上において、世論を啓発し、個人、企業および地域社会が責任ある行動をとるための基盤を拡げるために必要不可欠である。また、マス・コミュニケーションのメディアが、環境の悪化に手を貸すことを避けるだけでなく、逆に、人間があらゆる面で発展できるよう環境を保護し改善する必要があることについて教育的性質の情報を普及させることも必要不可欠である。〉

公害教育にも自然保護教育にも「人間環境宣言」以降の環境教育と基本において共通するものをふくんでいるからこそ前身なのである。しかし、環境教育とはちがう。だからこの二つは、環境教育そのものではなく、前身である。

◆環境教育の特徴

環境教育の、前身の一つである公害教育は、社会的な面に中心がおかれ、環境の基盤となっている自然には十分には目を向けていなかった。また、もう一つの自然保護教育は環境の自然的基盤に目を向けていた。この二つは、環境保全の場合、互いに補うものであり、環境教育の出現に伴い、自然保護教育と公害教育が結合して、教育の中で現実のものになった。しかし、自然保護教育と公害教育の結合だけで環境教育が成り立ったとみるわけにはいかない。

環境教育の、前身となる教育にみられない第二の特徴は、環境について人類と地球の全体に目を向けるようになったことである。公害教育も、日本における自然保護教育も、地域ないし日本国内の問題に限定されていた。外国での公害も自然破壊も、それぞれの国の特定地域の問題であった。

しかし、環境汚染も自然破壊も、その実態調査と保全活動が世界的に地球規模にひろがり、人類主義の環境保全、地球環境保全の考え方が明確にされるようになった。「人間環境宣言」はそうした背景をもって生まれたものであり、そうした視点から教育に対する要請がされたとみるべきである。その意味では、環境教育の誕生によって、公害教育は、その中に同化されたとみるべきである。

林智が、環境教育を公害教育に留めることなく、「人権・人類教育」として広げる必要があると言っていること[18]と共通するが、公害教育の段階ですでに「環境権」というかたちで基本的人権の一つとしてとり上げていることから考えれば、環境教育は、環境権を、個人・地域・世界人類に貫徹させて考えるようになったというべきであろう。「人間環境宣言」は、その「宣言」の最後の（七）で〈環境問題は、今後ますます質量ともに増大するであろうが、これらの問題は、その広がりにおいて地域的または全地球的なものであり、あるいは共通の国際的領域に影響を及ぼすものであるので〉と述べている[19]。

第三の特徴は、地域や地球全体の自然が、動物、植物、菌類・細菌類、非生物的自然の四つの相互関係のなかで成り立っているという考え方から、人間にとっての環境問題を考えるようになったことが上げられる。このことは、人間存在の生物的、自然的基盤に目を向けるようになったという意味で、第一に上げた特徴と連関している。それは、現在強い関心が寄せられている生物多様性保全の考え方ともつながるもので、種の多様性のみならず生態系の多様性の保全に目を向けなければならないことを示唆している。

第一部　人間における自然と環境
——「良質な環境」を求めて——

この第一部は、「環境」論である。環境教育の基礎理論としてもっとも基本となる課題は、「良質な環境とは何か」という問題と取り組むことである。この問題に対する解答がえられない限り、どういう環境を保全すべきかも、環境教育をどう進めるかも不明となる。このようなことから、〝「良質な環境」を求めて〟という副題をつけて、三つの章を設けた。

一章では、一般的に人間にとって良質な環境として考えられている農村環境をとり上げて、なぜそういえるのかを考える。合わせて、その対極にある都市環境についても、人間にとって、なぜ不適なのかという問題に取り組む。また、農村と都市は、人間によって管理される「人間世界」であり、三章で検討する「野生世界」とは基本的に対照的である。そのちがいが何かを検討する。都市・農村・野生世界の三つを合わせたものが、人間における「主体――環境」系としての具体的な形態である。

この二つの章の間に、二章として、ユクスキュルの環境と環世界の概念にふれながら、人間における「主体――環境」系の基本について検討する。外界と自然と環境との関係、環境と道具の関係について検討しながら、広い意味の環境と、環境学、環境教育で問題とする環境とを区別した。

こうした検討の中で、人間にとっての「良質な環境」がどのようなものであるかを明らかにすることが難問であることに気づくことになった。

一章　都市環境と農村環境——人間世界の特徴

私たち人間をとり巻いている世界を人間との関係からみると、人間の影響を受けているものと受けていないものに二分される。後者は、「原生自然」とよばれているが、これは、現代においては、地球表層にはまとまったかたちでは存在しない。前者は、ここでは「人為自然」とよぶことにする。

人間の影響を受けたものも二分される。人間の影響によって消滅したものと、人間の影響を受けながらも存続しているものである。前者を「消滅自然」、後者を「現存自然」とよぶことにして、現存自然は、人間の影響がないと、あるいは人間の助けがないと存続できないものと、人間の影響を受けながらも、それが軽微であることによって、自立的に、人間の助けを借りることなく存続しているものとに分けられる。前者を「人間自然」、後者を「野生自然」とよぶことにする（野生自然とその中で生活する人間を合わせて「野生世界」といい、人間自然とその中で生活している人間を合わせて「人間世界」ということにする）。原生自然は、それが存在した時代には自立的に存続していたから、野生自然であった。というより、野生自然は、人間の影響を受けながらも、実質的には原生自然と同じである。

これで、人間と自然との関係についての基本的な視点が定まったが、農村自然と都市自然の区別ができていない。それは、どちらも人間自然であり、人間行為の影響を強く受けて、人間の助けを借りないと存続できないという点で、自然としては同類であるからである。

一　農村環境

◆農村環境の誕生

農村環境とは、農民を中心とした農村に生活している人たちの環境という意味であるが、それとかかわる人間主体のちがいによって、三通りのかかわりがみられる。一つは、農業を営んでいる農民を主体とした環境である。二つ目は、農民と農民以外の住民を合わせた、農村住民にとっての環境である。第三の環境とは、人間全体を主体とした環境である。そして、農村環境をとらえるには、これら三つの視点が必要となる。しかし、農村環境の特色は、農民によって生み出され、維持されているので、農民と農村環境という関係に焦点をあてて、これから考えることにする。

はじめに、ある地域の農村景観を調査する中で、その地域で村づくりがどのように始まったのか、想像してみたことを述べることにする。水田稲作を中心としていたそこは、段丘地形からなる地域で、ここに最初に農民として定住した人たちは、河川の支流の奥まった谷津と呼ばれるところを選んで、谷低地と段丘崖の境にあたるところを平地にして掘っ立て小屋をつくり、まず林の木を伐採し火入れをして焼畑農業から始めたと思われる。「焼畑」ならば、火入れから始めて、その年のうちに収穫ができて飢えをしのぐことができる。野草やけもの・小鳥・魚などの採集狩猟も重要な生活手段であったにちがいない。それと併行して水田づくりの作業もされたであろう。谷低地は、泥土を中心とした沖積層からなっていたから、水田づくりにはもっとも適したところである。水源と排水路の確保は容易であった。そこは湿原まじりの疎林だったから、焼畑と同じように木を伐採し火入れをした後、大きな根株を除去し、整地するというのが主な作業であったにちがいない。このようにして農村環境の原形が生まれたと思われる。現在の農家とその周辺をみると、南向きの緩斜面とそれにつながる台地面に畑がひろがっており、急斜面は崩壊を防ぐ保安林とし、北向き斜面とそのつづきは用材林、台地面には薪炭林や萱原がみられる。

農村環境は、都市環境と比べれば自然ゆたかな環境であるといえるが、その始まりから、人間のはたらきかけによって、自然のままだった野生時代の森林その他を破壊して造りかえたものである。開拓時のことは別にして、村が広がり、農村の中に農民以外の祈祷や政治、工業や商業を営む人たちが現われ、街ができてくると、農業は、農民の単なる生業ではなくなった。都市民に対して食糧を供給する産業となった。また都市環境の項でもふれることになるが、都市民とその環境を支える基盤にもなった。

農村環境は、田畑と屋敷の結合したものが中核となっている。田畑のない地域は農村とはいえない。都市の中に田畑があっても、それを農村とはいわない。農村という地域は、農民の住居がある屋敷も農村環境の要素としてみなければならない。農村の屋敷は農民の休息の場であり作業場であり、生活に必要な原材料を提供する場でもある。この屋敷と田畑が結合したものが農村の単位であり、農村環境の本質をもっとも単純なかたちにおいてそなえている。普通これに、里山といわれている林・草原、それに池・川などの水系、寺社・墓地などがその支援環境として加わって農村環境が成り立っている。

農村環境は、別のみかたをすれば、生産部分と環境部分に分類される（表1―1）。田畑だけでなく林の中の薪炭林、用材林、焼畑のための休養林、萱原は生産部分である。ススキなどの多年草からなる草原は、そこから家畜の飼料や田畑にすき込む肥料、屋根その他の材料を供給している。これに対して、林のうち地形崩壊を防ぐ保安林、防風・防砂のための林、水涵養林などは環境部分である。寺社・墓地の林、池や川の周辺の低層草原も環境保全部分である。

◈自然としての農村環境

しかし、農村環境の生産部分も環境保全としての意味をもっている。作物は、人間にとって有用物を創り出すという点で人間の重要な生活条件となっている。そのことを通して環境保全としての意味がみられるが、また、土地、作物とその他の植物、害虫とその他の動物などからなる自然である。そのことを通して環境保全に役立っている。たとえば、畑は、人間の立場からみれば、ダイズやキャベツをつくる環境である。ダイズの場合、その種子は大きく多量の栄養物質をふくんでいるから人間の食糧となるが、またそのものとしてみれば、低層の一年生植物である。キャベツは越年生の「にせロゼット植物」である。水田は、イネという植物の純群落である。また、田畑は、作物だけでなく、その他の植物も繁茂する可能性がある。そうした作物以外の植物は、成長して背丈を高くすれば、作物を日陰にする外敵となる。そうした丈が高くなる植物を除かなければ、作物は生活できなくなる。畑の作物・雑草というのは、人間の立場からの見方で区別される。しかし、それらとしては、植物群落であり、作物と雑草とい

表１－１　農村環境における景観と人為との関係

景観		利用目的	人為				植生としての特徴
			生育援助・保全対象植物	排除する対象	手段	※	
屋敷	住宅・倉庫	住居・管理貯蔵	なし	すべての植物	放置	○	無植物地帯
	庭	農作業場	なし	すべての植物	草取り	○	荒原―無植物地帯
	屋敷畑	食材の確保	あり	作物以外の植物	耕し・草取り	○	草原―無植物地帯
	屋敷林	食材・各種材料の確保	あり	栽培植物以外	刈込み・草刈り	○	森林
	花卉園	観賞用植物の栽培	花卉類	栽培植物以外	耕し・草取り	○	低木まじりの草原―無植物地帯
耕地	水田	食糧生産	イネなど	作物以外の植物	耕し・草取り	○	湿生草原―無植物地帯
	畑	食糧生産など	ムギ・ダイコンなど	作物以外の植物	耕し・草取り	○	草原―無植物地帯
山野	用材林	木材生産など	スギ・ヒノキなど	作物以外の高木	刈取り・切倒し	○	低木林―常緑針葉高木林
	薪炭林	燃料生産など	コナラ・クヌギなど	作物以外の高木	刈取り・切倒し	○	低木林―落葉広葉中高木林
	萱原	飼料・肥料・屋根材生産	ススキ	ススキ以外の植物	刈取り	○	低茎草原―高茎草原
その他	道	通路保全	なし	すべての植物	刈取り・踏付け	○	荒原
	池の堤防	貯水	チガヤなど	木・高茎植物	刈取り	○	低茎草原

※：放置（する：○）

う区別はなく、芽生えから成長が進むと、入り混じって光をめぐって、自分の近くの植物を日陰にして自分が強い光を受けるか、相手によって日陰にされて死んでしまうか、はげしい競争が始まる。ここには、植物世界としての法則性が基盤としてみられる。光をめぐる競争の連続の中で、植物世界は変化していく。雑草取りというのは、こうした植物世界にみられる法則性に目を向けて、自分たちにとって必要な植物（作物）が生き残り生育するための、その競争相手を除く行為である。これは、いわば人間による作物に対する援助といえる。用材林は木材を生産する環境であるとともに、植生としてはスギ・ヒノキの純林である。人間の手が加わらなければ、スギやヒノキが圧倒的な強さで成長できるようにはならない。

農村では、田畑も里山も、人間が栽培作業を止めて放置したらなくなる。放置すれば、農民の目には「荒れた自然」となる。草原から森林へと変化し、野生自然となる。農村環境は、そのものとしては生物とその環境からなる世界であるが、人間の意志、目的意識と、自然力による目的を達成するための実行（実際行動）が結合して、農村独特の植物の世界が存続できているのである。

◆代替環境と里生物

農村環境を形成している植物は、先にふれたように作物とその他の植物の合わさったものである。その他の植物とは、雑草とその他の植物に分けられる。田畑や里山林で、作物に随伴している植物である。作物に近い生活のしかたをし、似た環境を要求するものは作物と競争関係にあり、それが作物にとって有害なものとなる。また作物の生育を著しく損なわない植物もある。農村に生活している植物のうち、作物以外のものを「里植物」と呼ぶことにする。動物にも家畜・ペット以外の、野生動物でもない動物がおり、これを「里動物」と呼び、両方あわせて「里生物」ということにする。[1-1] 里という、野生とは違う人の手によってつくられた自然環境で生活している生物という意味である。

　田畑における整地、除草によりできた裸地は、植物にとっての環境としては、野生自然の中の河川周辺、崩壊地などにみられる植生の崩壊にともなってできた裸地と似ている。ちがいは、そうした裸地化をもたらした要因にあり、片方は、台風などによる大量の降雨や急激に発生する雪解け水による洪水であり土地崩壊である。他方は人為である。どちらも裸地となったところでは、遷移初期の植物が生活し始めて遷移が始まる。農民の入植によってその生活環境が破壊され絶滅の危機に陥った植物の中には、新たに人間によってつくられた環境が、それまでの環境と共通しているところがあることから、農村を自分たちの環境として生活するようになったものがある。

　阿部真によれば[1-2]、林道脇や畑と林の境界にみられる低木のニワトコは、暗い林内では多年生草本として生活し、森林の高層木などが倒壊したあとにできた植生（ギャップという）ができて明るくなると、落葉低木になってそこで生活するようになるそうである。林道脇などの環境は、ニワトコにとっては、ギャップにみられる環境の代替ということになる[1-3]。作物や雑草などが生育する田畑の環境も、野生世界の中の環境変化の激しいところでできた代替の環境とみることができる。

　進化の過程で、新たな種の誕生にあたって、その生活様式と対応して種の持続が実現された時の環境を原環境ということにすると、代替環境とは、その原環境の代わりになる生存可能な環境という意味である。しかし、代替環境の中には、人為によって形成されたものだけでなく、野生自然の中にもあるはずである。それゆえ、ここでは、代替環境をもっと限定的に考え、新たにできた人為環境が、生物の持続を可能にさせ、それに代わる環境になったものを「代替環境」ということにする。あるいは、代替環境には、他の原環境から移動してきて分布拡大したものもある。現在都市や農村等人為環境はすべて代替環境である。田畑だけでなく、種多様性に富んでいるといわれる、里山や谷津田などからなる農村も、人為によってつくられたものであり、人為が及ばなくなれば消滅する。代替環境に生活している植物の中で、人間が育てる目的で代替環境をつくった場合の植物が栽培植物である。

里植物の環境である代替環境は、農村だけのものではない。都市の中の空き地もこれにあたる。造成された宅地や工場用地を放置すると、さまざまな植物が生活するようになる。それらの植物は、どこか別の場所から種子などの繁殖子が移入してきて生息するようになったものである。人為的につくられた空き地はこれらの植物の代替環境である。それら栽培植物ではない植物は、野生植物と区別して里植物ということになる。

◆動的平衡系としての農村環境

農村環境は、そこに生活する生物の立場からみると、野生世界の中にみられる崩壊地や森林内のギャップに相当する。常に外からの自然力を受けて、生物世界は破壊され、そして遷移の進行にともなってもとに戻る。

水田の場合、冬の終わりに耕され、畦が整備され、水が入れられ、代掻きがされたところで田植えの準備が完了する。代掻きまでの整地は水田を無植物地帯にし、田植えはイネ純群落にする第一歩である。

これ以後除草、殺虫、殺菌の作業が続く。九月の中旬になって刈取り収穫がされて、水田は農民の手から離れる。水田は前年九月半ばから四月初めまでの七カ月の休耕時季のうち、二月半ばまでの五カ月は越年草を中心とした作物以外の植物の世界であり、遷移が進行する。

―（耕し・整地）―無植物地帯―（田植え）―イネ群落―（刈り取り・放置、遷移開始）―里植物群落―

萱原は、遷移の進行によってススキを主なものとする多年生草原が成立したところで刈り取られる（萱原といわれているススキ草原は畑の一種である）。そこから翌年の初夏まで越年生の低層草原となり、その後ススキからなる高層草原となる。夏の終わりから秋にかけて行なわれる刈り取りは、それ以降進行するはずであった遷移を止め、越年生草原（里植物群落）とススキ草原が季節的に交互に変わる植生にしている。

薪炭林は、十数年ごとに炭の原料や薪を得るために伐採される。生物の側からみれば、遷移の早い段階にギャップができて明るくなり、裸地からではないが、ギャップ後独特の遷移が始まる。伐採後に切り株からの傍芽をもとにした植物、切られずに残った丈の低い植物、埋土種子、外部から飛来した種子が発芽した植物などを最初として遷移が始まる。再生の原理は、田畑、萱原と同じであり、遷移再開から伐採までの年月のちがいによって遷移段階にちがいが出ることになる。

焼畑は、若い森林が伐採され、火入れと簡単な整備によって、それまで進行していた遷移が止まって、山火事の跡の無植物地帯に近いものに戻り、種子や焼け残りの株から新たな植生が誕生する。しかし、除草などの管理が十分に行なわれないので、作物の生育と併行して遷移が始まる。五年ほど経過すれば、栽培不能となって放棄され、人為の影響を受けることなく遷移が進む。

農村が生物種多様性に富んでいるとすれば、野生世界の中の環境に不安定地帯、ギャップに相当する環境がみられるからである。農村全体が生物にとって環境不安定地帯とみることができる。その意味では、農村の生物世界は、動的平衡状態にあるということができる。

◆生態系としての農村

農村は、人間とこうした生物からなる、一つの生態系とみることができる。田畑、里山、屋敷、池などの水系で生活している作物や雑草などを生産者として、農民、昆虫などさまざまな小動物、ネズミ・ウサギその他の哺乳類、鳥類、カエル・ヘビなどの両生・爬虫類、フナなどの魚類などの動物が消費者となり、キノコ・カビ類の菌類、細菌類が還元者となり、有機物、二酸化炭素、酸素分子、窒素化合物など物質の流れが形成され、その流れを受けとめてそれぞれの生物が生存している。

このような農村生態系には、いくつかの特徴がみられる。それは、今述べた農村の中の物質の流れのほかに、三つの流れがあることである。その一つは、薪炭林・炭焼がまでつくられた薪や炭が都市へ商品として運ばれて、農村生態系の外へ出てゆく系列である。田畑で栽培されてできた米などの穀類、野菜類も同じ系列をたどって農村生態系の外へ移動する。用材林で生産された木材も同様の経路をたどって都市へ運ばれる。

二つ目は、自家用の薪炭、木材は、生物の消費者、還元者を経由しないで、焼却されて還元される系列である。萱原も、萱原として維持するために火入れがされて非生物的分解系によって分解されて無機物となる。これは、野生生物世界では山火事においてみられる。三つ目は、都市民の排出物が有機物のかたちで肥料として農村に戻されていた系列である。

一九六〇年代以降、農業が大規模工業化すると、こうした農村生態系と物質の流れに変化が現われた。化学肥料、殺虫剤など農薬の化学化合物、温室やビニールハウスで使用されるようになったビニール膜が大量に使用されることによって、農村生態系に大きな変化が生まれた。一つは都市生態系に移流していた有機物（消費者である人間に使用された後の排出物）が還元されなくなったことである。第二は、農薬の大量使用により生産者、消費者、還元者であるさまざまな動植物、菌類・細菌類が生息しなくなったことである。また第三に、生産者である作物から都市生態系への有機物の流れに変化が現われたことも上げられる。食糧の自給率の低下といわれるように、都市生態系の農村生態系への依存が軽減して、外国の農村生態系に強く依存するようになったことである。第四は、農業の衰退によって田畑という独特の生態系が消失して、草原から森林へと変化したことが上げられる。これに加えて、林業の衰退に伴い、都市生態系への木材、薪炭のかたちの有機物の流れが著しく衰えた。用材林、薪炭林など里山は、利用、管理されることなく放置され野生生物世界に変わり、農村生態系から離脱させられた。これまでの農村生態系とは異なる生態系が生まれることとなった。むしろ生態系としては自然なかたちに戻り、生物的生産者、生物的消費者・還元者がそろい、その相互関係の中で物質の流れ、循環が完結することとなったのである。

これとは別に、農村生態系が都市化や廃村などによって激減した。休耕、離農によって、田畑、里山など農村環境固有のものが壊滅し、放棄地が二次林のかたちで増加した。これも、自立的循環的生態系である点で、有機物の流れから生態系としてみた場合には、より自然的なものといえよう。草原、低木林、高木林というように多様な生態系をつぎつぎに生み出している。

◆農村環境と環境の道具化

人間を取り巻く環境を、道具とその他の結合したものとしてとらえることができる。都市環境の特性も、後に述べるように「道具の集積」と言われるように[1-4]、この見方で一つの特徴を明らかにすることができる。農村環境も道具とその他に分類される。この場合の道具とは、人間がそれにはたらきかけて改変し、何らかの仕事をするための手段として、すぐに用いることができるものをいう。道路も一つの道具といえる。踏み固められ舗装されていれば、あらためて手を加えることなく、そのまま利用できる。その他とは、大きく改変しないとただちに利用できないものをいう。そのままでは単なる物質か生きものであるが、景観としてあるいは認識の対象として、環境としての意味をもつ。また空気中の酸素などのように人間存在の基盤である生物的生存にとって必要なものを供給するという意味をもっているものである。生物的生存にとって不可欠な食糧は、人間が意図的にはたらきかけない限り獲得することはできないが、何らかの仕事の手段として利用するのではなく、そのまま生存に役立てられるから道具とはいえない。

後にくわしく述べるが、道具以外には見当たらないほどに道具が都市環境全体を埋め尽くしている。ところが農村の場合は、農機具や屋敷のように道具の集積といえる部分もあるが、全体は道具から成り立っていない。水田を例にとると、作物を栽培する時季になると、耕し、整地、水の取り入れ、施肥、水漏れ防止のための畦の整備などによって作物環境が造成され、つづいて田植えがされる。その後虫取り、草取り、水管理、施肥など常に農民のはたらきかけによって、作物の生育に対応して維持のために管理がされている。人間の管理の手がとまれば、作物環境という道具ではなくなる。

同じように、萱原も里山林も、人間が絶えずはたらきかけ、改変することによって維持され、薪や炭、あるいは木材や屋根材といった有用物を獲得するための手段となるので、これも道具といえる。しかし、はたらきかけることなく放置すれば、たちまち有用物を生産するための手段としては不適なものになり、道具ではなくなる。この農民の農村環境との関係は、人間における「主体――環境」関係のもっとも本質的なものである。つまりそのままでは、まったく有用性がみとめられないものが、人間のはたらきかけによって道具その他有用なものに変化し、そのことによって農民は人間として生きていく上で必要な手段を手にする。このことから、後の「五章　環境学習と農業学習」でふれるように、重要な教育的意味が認められる。

◆農村の危機

食糧生産業と農業とを区別しなければならない状況が今後生まれてくるのではなかろうか。食糧生産の工業化が激しい勢いで進展している現在、食糧生産だけでは農村の存続の意義とそのあり方を考えることができなくなるのではなかろうか。農業によるか、あるいは工業によるかは別にして、人間が生きている限り食糧生産がなくなることはない。しかし、農村が消えることは絶対にありえないとは言い切ることはできない。それだけではない。生物多様性保全にとって農村は不可欠であるということもいえない状況がくるのではなかろうか。食糧生産の工業化とは、作物環境の恒常的な道具化である。

食糧生産のための環境の道具化は、温床の普及がその兆しであった。温床に使われた油紙や化学合成膜によって内部の作物の直接的な環境が外界と隔絶された。内部の作物環境は人為的に管理されるようになった。屋内で進められるようになった水耕栽培は、作物環境の道具化がさらに進んだものである。人工光が利用され、必要な栄養塩類と水が土壌なしに供給され、空気の流れや温度、湿度は人為的に管理されるようになった。それらはスイッチ一つで進行できるよう自動制御化されるようになった。温床の化学合成膜にかわって、工場の外壁が、作物環境と外界を隔絶することになった。食糧生産は、都市の仕事となる。同じようなことが漁業でもみられる。山地の奥で、海水魚が大きなプールの中で養殖されている。都市の食糧生産工場が拡大し、食糧生産の主力になれば、屋敷、田畑や里山などからなる農村環境は不要となる。田畑は放置されて自然林に向けて遷移が進行するであろう。農村は消失し、地球上の人間の「主体――環境」系は都市と野生世界の二つとなる可能性がある。(1―5)

こうした作物栽培工場は、作物栽培技術が追い求めてきた理想像を実現させるものであると言ってもよい。農村における農耕のもっとも基本的な特徴は、野生世界における採取狩猟の場合、食用となる植物の量が、ある面積の土地の中にみられる全植物の中のごくわずかであるのに対して、田畑では作物が大部分を占め、その他の植物が少ないことである（図1―1）。同じ面積の土地からの収穫量が圧倒的に多いということである。

作物栽培工場はそうした農耕の究極のものであると言うことができる。作物の競争相手である雑草を

図 1—1

野生生物世界の中での有用植物

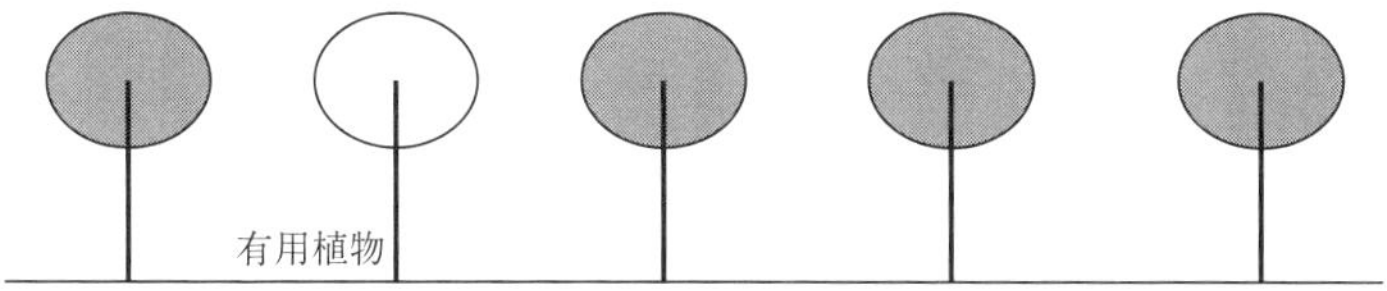

田畑の中の作物（有用植物）

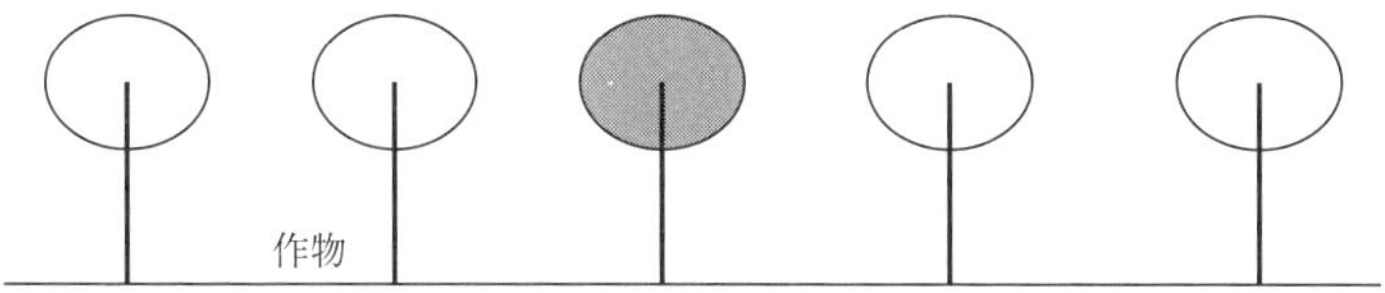

田畑は、それまであった野生の森林や草原の植物を取り除き、かわって作物だけの植物世界にかえたものである。ただし、作物以外の植物を完全に除くことができないので、わずかながら作物以外の植物が混ざっている。

皆無にする。有害な動物、菌類、細菌類を除き、必要な栄養塩類を吸収しやすい純粋なかたちで供給し、適した温度、湿度を保つ。そうした作物の環境管理をすべて機械によって自動的に進める。食糧生産工場を構成しているものは、作物である植物を除けば、人工化した道具の集積であり、作物環境の道具化ということができる。

◆放置と「目こぼし」の意味

このようにみれば、これまで田畑などからなる農村環境の中での作物栽培は、そうした作物以外の生物の存在を認めないという理想像からみれば、不完全なものであり、管理の手が行き届かない「目こぼし」が多く加わった栽培環境とみることができる。また、田畑は、農作業とその中断のくりかえしによってつくられている。

さらにいえば、昨今重視されている「農業と生物多様性保全の密接な結びつき」という見方は、再考しなければならないのではないか。農村の里山や谷津田が、生物多様性保全の点で注目されているが、それは、農作業という営みだけが基盤になっているのではない。このことは工業的作物栽培と農業的作物栽培のちがいを明確にすることによって明らかになる。

作物栽培の工業化は、作物栽培に必要な条件の単純化、純粋化が必須の条件となる。通常の田畑では、病害虫防除と殺菌がされて地表に作物体以外生物が存在しなくても、地中には土壌動物、菌類・細菌類が生息して、一つの生態系が形成されている。食糧生産工場では、作物以外は、すべて無機的な物質から成り立っている。食糧生産工場では通常の生態系はみられない。必要なものはすべて外から人為的に供給され、不要・有害なものは人為的に除かれる。

もしさらに単純化して食糧生産をするならば、それは光合成細胞培養、あるいはもっと単純な葉緑体増殖による栄養物質生産、さらには光化学反応による純粋に化学的な栄養物質の合成となる。それは作物栽培ではない。

それでは、農村における作物栽培と生物多様性保全とはどのように関係しているのであろうか。この問題を解く手がかりが、『広辞苑第四版』の「農業」の次のような説明文にある。

〈地力を利用して有用な植物を栽培耕作し、また有用な動物を飼養する有機的生産業。広義では農産加工や林業をも含む(1―6)〉

工業的食糧生産の場合、人為的に作り出した道具によって作物環境が成り立っているが、農業の場合〈地力〉が作物環境の基盤にある。この場合の〈地力〉の「地」とは、土砂だけではない。その中にふくまれている水、肥料分も、そこに生息する土壌動物、菌類・細菌類とその死骸、排出物も、大気もふくまれている。土地を基盤とする生態系をさしている。

しかし、農業をこのようなものとしても、生物多様性保全との結びつきは生まれてこない。むしろ農業における作物栽培にみられる不完全さに理由があるのではないか。不完全さの原因は、地力を利用することにある。地力を完全に制御することはできないし、またする必要もない。作物栽培環境の人為的完全制御が不可能となり、それゆえ有害な生物を撲滅することも、作物栽培に直接関係しない生物を排除することをせず、そうした「目こぼし」の結果として生物多様性を生み出しているとみることができる。

食糧生産の工業化が進んで、農業が不要になれば、農村は消滅する。生物多様性は、それで衰えるのであろうか。そうではない。野生世界が広がり、生物それ自体の自己運動の中で、生物多様性がゆたかになるのではないか。いうまでもなく、これには農業の拡大、農業技術の進歩にともなって整備・整地されて、地形的、地質的単純化・一様化された環境を、人の手によって野生時代のものに復元することが必要である[1-7]。

農村環境は、人間の意図的なはたらきかけが間断的に及ぶことによって創り出したものである。農村環境は、人間のはたらきかけによって道具化し、放置することによって単なる自然にもどるの繰り返しの中で存続している。こうしたことを通じて独特の環境となっている。

二　都市環境

◆都市とは

都市とは、人口が密集し、商業や工業が発達しており、行政・教育・文化などの社会的活動に適した施設・設備が集中して、社会的に地域複合体の中心となっているところである。

その都市は、人間の生産・消費活動を効率化するために、極限までに集約的な土地利用が進行している。産業としては工業・商業・通信が中心となり、農業がほとんど行われていない地域となっている。その上、個々人の社会的な営みが極度に専業化しているところである。そこに生活している人たちにとっては、いくつもの問題がみられる。個々人の貧富の差が拡大し、極度の貧困が集中し、疎外感や宗教上の過激主義など地域・世界の不安を引き起す温床になっているところがある。(1―8) こうしたことが、世界の資源の激減と汚染の大部分を直接、間接に引き起こしている。人間を中心とした生物の生存に必要な食糧、酸素、水などはすべて外からとり入れ、二酸化炭素など排出物の処理は外の世界に依存している。そして自然に対して重大な影響を及ぼす元凶になっている。

◆自然としての都市環境

都市の環境としての特徴をみるために、都市が自然としてどのような特徴をもったものか、物質的、生物的特性からみることにする。

まずそのものとして（自然として、物質として）どう存在しているかを、建築材料を手がかりにみることにする。安部喜也・半谷敬久の調査結果では、(1-9) 一九七〇年における東京都区部の建造物を作っている材料は、砂利・石材が八〇％以上で際立って多く、つづいてセメントの六・八％、鉄材・鉄製品の五・二％、以下順に木製品（四・三％）、建設用土石製品（二・五％）、アスファルト（〇・七％）、ガラス製品（〇・三％）、わら・い製品（〇・一％）、銅製品（〇・〇二％）、鉛製品（〇・〇一％）、アルミ製品（〇・〇〇二％）となっている。これらの材料をまとめると、珪酸化合物、金属とその化合物、有機物になるが、大部分は珪酸化合物である。農村環境が、家屋の瓦、壁などを除けばすべて植物起源の有機物から成り立っていることとは大きくちがう。

◆都市の生態系

こうした都市を生態系としてみた場合に、いくつか特異な性質がみられる。その一つは、ヒトという優占動物を中心とした生物世界の物質の流れが外部に依存していることである。第二は、都市のなかの物質の流れの中に、生物を中にふくまない流れが、都市生態系全体にとって重要な位置を占めていることである。都市における物質の流れには三つの系列がある。生物的な系列二つと非生物的系列である。第一の系列は、街路脇、公園や住宅地、工場などの緑地でみられる。人為的に植えられ、管理と放置が繰り返され、植え込み、樹木、植え枡の草などを生産者とし、それらに依存して生活している昆虫などの小動物、小鳥、爬虫類が消費者、土壌中にみられる菌類、細菌類が還元者となり、都市の中では唯一整った生態系となっている。

第二の系列は、ヒト・イヌなど大型動物を中心としたもので、生産者を欠いている。そのため人間など大型動物が生存するために必要な有機物は都市外の農村の作物、家畜に依存している。生産者である植物を欠くということは、都市のこの系列には、そこに生活する生物が排出した二酸化炭素など排出物を処理する能力がない。生きるために不可欠な酸素分子も自給できない。

この系列には、生態系としてもう一つの問題がある。主な還元者が生物ではないということである。その死体も排出物も、有機物は、生物的な分解者によらずに焼却など人為によって処理され、しかもその非生物的還元系で生成された無機物質は、二酸化炭素・水を除けば、都市外に排出される。都市には、そこに供給されている有機物の量、そこに住む消費者である人間など動物の量に見合う還元者としての菌類や細菌類が生息していない。生物的には消費者だけの系列となっている。

第三の系列は、生物がまったく関与しない物質の流れである。具体的には石油・石炭など化石を源とする系列である。物質そのものも、ほとんどの生物が直接利用できない。非生物的な物質の流れである。したがって、これだけ取り出せば生態系として認めることができないが、この系列における物質の流れが生物の環境として重大な影響を及ぼしているという点で、都市生態系としては無視できない系列となっている。

この系列の中で、その渡された有機物を処理しているものは、生物的な意味での生産者、消費者、分解者には当たらないが、有機物を供給するものを生産者、それを受け取って消費したり他の有機物に転換したりするものを消費者、分解して完全に無機物にするものを還元者とするならば、これらに相当するものがあり、確かに都市において有機物の流れ、分解がみられる。化学工場のような石油や石炭を原料として化学変化させて別の有機物を合成するのを非生物的消費者、自動車、発電所などそれを分解してエネルギーを発生させて二酸化炭素などさまざまな無機酸化物に変えていくものを非生物的還元者とみることができる。非生物的消費者によって合成されたものの中には、第二系列の消費者に食糧として供給されるものがある。また大量の酸素分子を消費し、大量の二酸化炭素を排出して、環境悪化を招いている。

◆道具の集積としての都市環境

人間にとって都市はいかなる環境か。その基本をもっとも要約的に表現しているのが、小原秀雄の「都市は道具の集積」という言葉である。(1—10) 道具には、すでに述べたように、いくつかの属性がある。その一つは人間がある目的を達成するための行為の手段として利用できるものであるということである。第二に、それは人間のはたらきかけによって作られることである。第三は、それを大きく変えることなくただちに利用できるということである。道具についてはいくつか関連したものがある。一つは機械がある。機械は道具の一つの形態であり、狭い意味での道具から区別されて、いくつかの複数の部品の組み合わせによって作られたものをいう。

千葉市内のある大型集合住宅地を例にとると、学校、幼稚園、保育所、病院、市役所の分室、郵便局、交番、市立図書館の分館などの公共施設があり、銀行、スーパーマーケットをふくむ商店街がある。さらにガソリンスタンド、大型の書店、レンタルCD・DVD店、タイヤ販売専門店、各種飲食店が大通りに並んでいる。さらに、送電線や変電所、その管理施設、ガス・上下水道などの施設や通信・情報施設、道路・鉄道など交通施設が加わっている。都市をそこに居る人と環境とに分ければ、都市環境は、こうしたさまざまな施設の集合したものであり、それぞれで住み、働いている人にとっての道具として機能を果たしているものの集合であることがわかる。

◆道具の集積であることの問題点

道具は、人間としての生活を営む上で不可欠であり、人間の起原を生活の変化という視点からみれば、道具を欠くことのできない生活を実現させたことが人間になったことの重要な基礎となっている[1―11]。しかし、その一方で、その集積として都市生活に重大な環境問題を惹き起こしている。

一つは、道具は人間によってつくられ、新しく生まれたものであるから、人間がこれまでの歴史のなかで出会ったものではないということである。都市環境を形成しているものは、色彩、形状、形成している物質種など多くのものが新しいものであり、人間は、生物的にそれに対応する方法を身に付けていない。悪影響を受ける可能性があり、また人間の病的な身体的・精神的変化の原因となる場合がある。とくに合成された新物質、外来生物、遺伝子操作などにより生まれた新生物は重大な問題を引き起こす可能性が高い。それは、すでにふれた都市環境の建築材の物質としての特性をみれば明らかである。また技術開発は、道具との関係が深く大きい。道具の使用についての習熟などでみられるように、そうした変化が人間的発達につながるものもある。核兵器と原子力発電所は、その極に位置している。現在の地球上で自然のままでは起こりえない原子核分裂・融合の連鎖反応が道具化されている。

道具の集積であることから派生する第二の問題は、道具は特定の目的達成のためにつくられたものであるために、他の目的のための利用に不適であったり妨害したりする場合があるということである。学校の大勢の学生を集めて一斉授業ができる大講義室は、おおむね机も椅子も固定している。したがって、机や椅子の配置を変えて、講義形式の授業ではなく円卓会議のような討論形式の授業をすることはできない。化学実験室のように水道とガス、電気、下水施設が机に固定された教室は、机を移動して別の方式の授業を行なうために使うことは難しい。学校や公園の植物のない裸地にしているグランドは広い面積を必要とするスポーツには適した道具となっているが、スポーツをしない時には単なる土地に過ぎない。風が吹くと砂が飛散して周辺の住宅に迷惑をかけるし、つねに砂の供給を必要としている。

都市における道具類にみられる、その作り手と使い手の分離にも問題がある。使い手は、そのためにその利便性、安全性、美観を手がかりに求め、使用する。その自然としての（物質としての、生きものとしての）性質については無視ないし軽視することになる。これが第三の問題である。

第四の問題として、道具はそれを使用する者にとっては道具としての機能を発揮するが、それを使用する必要のない者あるいは使用できない者にとっては単なる物体にすぎない。だから道具の集積である都市環境も、そこで行動する、そこに住む個人個人の生活要求、生活のしかたのちがいによって多様になってくる。個人ごとに何が道具で何が単なる物体であるかが異なる。また単なる物体は個人によっては生活行動の妨げとなることもあるし、害作用を及ぼすこともある。

都市環境が「道具の集積」であることから、五つ目の問題が浮き彫りにできる。それは、使い手と作り手が別になることによって、都市居住者の大半である使い手は、「自然に意図的にはたらきかけて自然を改変し、有用なものを作り出すとともに、自己変革する」という、人間を特徴づける自然との関係が希薄になることである。第六の問題として、都市民は道具の使い手として、その使用について順応するほかない。そのことが身体的精神的障害になっている例は枚挙にいとまがない。道具を作る側にも、それが極度の分業化によって進められることによって、都市を形成する道具の一部にしか関わることができないという問題をかかえている。

◆都市環境のなかに「目こぼし」を

都市環境の問題を乗り越え、人間的自然に見合う環境に作り替えるにはどうしたらよいか。その一つは、道具の集積ではなく、農村環境と同じように、それを利用する時に、働きかけによってはじめて利用可能となる「なまの自然」から構築することが必要なのではないか。主体の側の都市民一人ひとりが、利用することとつくることの両方が実現できるように、都市環境を抜本的に改変する必要があるのではないか。

昨今の都市整備、都市計画は、健康、生命にかかわる環境問題にはおそまきながら対処するようになり、さらには景観等への配慮も意識化されてきた。しかし、それだからといって、ヒトがその起原にあたって身につけた人間の自然さに応える自然を提供する環境にはなっていない。それを可能にするのは、道具化されていない環境を用意するほかない。特定の目的にそったものではなく、人々のはたらきかけの如何によっていかようにも改変され、多様な利用が可能になる環境の形成である。

とくに、子どもの精神的身体的発達のためには、その人間的自然に見合う「なまの自然」を、息をするかのごとく日常的にかかわることができるように、子どもが生活する地域に確保する必要がある。(1―12) それは都市だけでなく農村においてもいえることである。都市のなかに意図的につくられ用意され、利用するだけのものとはちがう、特定の用途をもたない、しかも極力整備されない自然を、都市のなかに備える必要がある。しかし、これには別の問題が派生する。安全性の確保である。

二章

人間における「主体――環境」関係

この章では、「環境」という概念を明確にしたい。この課題は、本書全体の一つの中心となるものである。問題は四つある。その一つは、環境と外界を概念としてどう区別するかである。第二の問題は、環境と自然という概念のちがいとその相互関係である。第三は、人間における環境と他の生物における環境では、どのようなちがいがあるか、またそのちがいが何をもとにして生まれるのかということである。四つ目の問題は、環境学や環境教育がその領域としている環境が、環境の中の一部であるということである。

一　生物における「主体――環境」関係

◆タンポポ

道端や芝生で見かけるタンポポを例にすると、そのからだは、茎が短く、節間がつまっていて、節が

図 2—1

密集してたくさんあること、それが半ば地中に埋もれていることが特徴である。そのことによって地表に出ているからだは葉と花だけであり、草丈が非常に低い（図2—1）。

こうした植物をロゼット植物（茎が短く地中にあり、地上部はその茎から出た葉と花だけで、バラの花を押しつぶしたような形になっている）といっている。人間の草刈りや踏み付けなどによって、生えている植物が大きな害を受けるところが好適な生息地である。ロゼットという特有のからだと環境との間に密接な対応関係があって、タンポポ独自の生活の仕方が成立して生存できているとみることができる。ロゼットという特徴あるからだを身に付けたとしても、それに見合う環境がなければならないし、環境がはげしく変動する場所があっても、それに見合う生活のしかたと、それを生み出すからだをもった植物でなければ、生存は不可能である。それが具体的にどういうことなのか。

タンポポも、地表の葉や花がひどい傷害を負うが、茎が短く地中に埋もれていることによって、茎は重大な傷害を受けない。そして、草刈りなど環境のきびしさが弱まると再生する。(2―1) 茎の節は、分裂組織のあるところで、節が多いことは再生の可能性が高いことである。そこから葉や花を地表に出す。光を受けて光合成を活発に行い、短期間でつくり出した栄養物質は、茎を長く伸ばして草丈を高くすることには消費しないで、地中部に貯めこみ、再生にそなえる。こうしたことから強い光を必要としている。

タンポポは、草刈りや踏みつけがないところでは生活できない。おだやかな環境のところでは、さまざまな植物が繁茂し、周囲に丈の高い植物が伸びてきて日陰になって枯れ死んでしまう。逆に背丈が高い草は、そのからだが光をめぐる争いに強く、踏みつけや草刈りがほとんどない環境に対応した植物である。タンポポのからだは、光をめぐる他の植物との争いに負けないというようには対応していない。タンポポは、その独特のからだと生活のしかたが、独特の環境の中で、丈の高い植物とはちがう、独自の位置（生態的地位と呼ばれている）をえて、それに対応することによって生存している。

◈動物のからだの生育段階と生態的地位

からだの大きさのちがいも、独特の生活のしかたを生み出す基礎となっている。動物の場合、アフリカの同じサバンナに生活している動物を例にすると、ゾウ、シマウマ、ヌーは同じ植物食の動物でありながら、生物世界の中の位置（生態的地位）がちがう。シマウマやヌーなど大型の植物食動物はライオンのような大型の狩猟動物にえさとして捕食されるが、アフリカゾウは自分を捕食する動物がいないといってよい。その理由はいろいろあるが、基本となるのはからだが大きいことである。すべての狩猟動物の捕食能力をこえる大きさという意味の、超大型動物ということもできる。

同じ生物であっても、成体と子でからだの大きさ・形がちがうものは、生活のしかたがちがう。一つの例として両生類のヒキガエルについてみると、卵——幼生（オタマジャクシ）——子ガエル——成ガエルというように変化していく。その変化は連続したものであるが、このようにいくつかの節目になるところがある。節目をこえる手前のところで、からだも生活のしかたも大きく転換する。ヒキガエルの場合、動物としてのもっとも重大な変化は、卵から幼生への変化である。ここでカエルは運動し、えさを食べるようになる。卵時代は、幼生になるまでは体内にあった卵黄などを利用して生き、育っていくが、幼生になると卵黄は少なくなり、えさを食べねばならない。ここで餓死という問題に直面する。運動はまた多くの栄養物質を必要とする。多量の酸素分子が必要となる。二酸化炭素やアンモニアという老廃物を多く排出することになる。幼生は、卵の分裂が始まってからの、胚という時代を準備期として、そうしたはたらきを発揮するさまざまな構造を形成していく。えさを探す感覚器、運動器官、行動を調整する神経系、えさを食べる口器、消化する消化器官、不消化物を排出する肛門などができる。卵と胚では、動かず食べずという生活のしかたは基本的には同じであるが、胚の段階で外形、内部構造に劇的な変化がおきる。

幼生から子ガエルへの生活の変化の中心は、水中生活から陸上生活への変化であり、大きな生きた動物をのみ込む食性への変化である。幼生後期に、そうした生活のしかたの変化に向けてのからだの大きな変化がみられる。臨界点は前足が出てくる時である。前足が出る時を境に、動くものを的確にとらえる大きなよく動く目ができ、くちは目の後ろまでさけるような大きなものになる。空気呼吸をする肺ができる。老廃物の排出はアンモニアから尿素へ変わる。ここを境に、カエルは魚類的生活から爬虫類的生活へと生活のしかたを転換させる。そして尾が消えて四足歩行し、陸に移動する。

魚類の中には、孵化して間もなくの稚魚では、小形の魚にえさとして捕食されるが、生育してからだが大きくなり成魚になれば、逆に小形の魚をえさとしてとらえるというように、食物連鎖の上での位置が逆転するものが多い。モンシロチョウの卵は、キャベツなどアブラナ科の作物の葉に産み落とされるが、卵も孵化した幼虫も、キャベツなどの葉の上がその世界である。キャベツの葉を食べ、そこに糞尿をし成長し、ハチなどの敵に食べられて数が少なくなっていく。さなぎの段階をすぎて成虫になると、はねをもち飛行を主な行動のしかたとし、行動範囲はキャベツの葉からこえて幼虫よりはるかに広いものとなり、繁殖というあらたな生活が加わる。口器はそしゃく器から吸引器に変化して食性が変化する。外敵として自分を捕食する動物も幼虫とはちがうものになる。時には育ったキャベツ畑から外に出ることもある。

◆生物における生活と多様性

生物の存在様式である生活とは、具体的には生物の存続を軸とした環境との相互関係である。どのような環境のところに住み、どのような環境条件を感じ取り反応し、どの生物と「食う・食われる」の関係をもっているかということなどである。そしてそれは、それぞれの生物によって異なる。すべての生物はたがいに複雑な網目状につながっているが、またその一方で個々の生物の直接的なかかわりをもたない生物もいる。そうした関係は、それぞれの生物によって異なる。このことによって競争をさけることになり、多様な世界を形成している。

この「それぞれの生物によって異なる、独自の生き方、環境との関係」を生み出すもとになるものは、からだのちがいである。生物は、親から子へ、遺伝というはたらきによって、その生き方を伝えているが、その基本となるものはからだにそなわっている。環境や他の生物に対した時に、独自の関係のしかたが、そのからだから具体的に発現する。その時、その生活手段で関係をもつことのできる環境と出会わないと、生物は生存できない。だから生物の生存ということを軸に遺伝を考えた場合に、常に他の生物との関係、環境との関係、その総体としての生物世界の中の、どの位置にその生物が存在しているかということを考慮しなければならない。

遺伝形質と表現形質というように、生物のからだがもっている形質を分けるならば、いかなる遺伝形質をもっていようが、環境と対応した表現形質が生まれなければ、生物は生存できない。遺伝形質が残るかどうかも、表現形質と環境との関係によって決定される。このような生物のからだと生活様式と生態的地位との間の対応関係は進化の過程で成立したものである。多少の可塑性があるものの、形態・生活様式・生態的地位とその対応関係は固定的である。

二　環境とは

◆はじめに ── 問題を明らかにする

『広辞苑第四版』は、環境という語について、つぎのように説明している(2―2)。

〈①めぐり囲む区域。②四囲の外界。周囲の事物。特に、人間または生物をとりまき、それと相互関

係を及ぼし合うものとして見た外界。自然的環境と社会的環境とがある〉

ここで一つの問題が明らかとなる。外界と環境は同じものか、それともちがうものかという問題である。①と②の前半は、外界と環境を同じものとしている。②の説明の後半の〈特に〉以降は、外界と環境を区別している。

これに対して、『環境教育辞典』(東京堂出版)で沼田眞[2-3]は、〈環境と外界はイコールではない〉と述べ、〈環境とは、……生物や人間を取り巻く外界のうち、それらの生活にかかわりをもつ諸条件をいう……〉としている。この説明は、『広辞苑第四版』の②の後半と同じようにみえるが、異なる。沼田の定義では、人間または生物をとりまくものとして外界があり、その一部の生活条件となるものを環境としている。広辞苑は、環境は外界の一部ではなく、一つの視点からみた場合の外界のある面をいっている。これから解釈すれば、外界は、環境と同じく人間や生物をとりまいているものであるが、人間と生物との関係は考えないものをいうということになる。沼田は、また外界と環境を区別し、さらに環境を著しく関与するものと関与が軽微のものを区別している。

もう一つ、『環境教育事典』の林智[2-4]の説明を紹介すると、つぎのようになる。

〈主体となんらかの相互作用をもち、しかも直接は主体の制御下におかれていないその周辺が環境である。……主体と環境とでできている系を考えるとき、重要なのは両者の間の相互作用であるから、この点に着目して、環境を「主体を支える諸条件」と定義することもできる〉

林の定義は、主体と相互作用をもち、存在条件であるといっている点では、沼田のものに近い。しかし、沼田よりさらに限定的なものを考えている。主体と相互作用をもった周辺のうち、直接に主体に制御されていないものを環境としている。制御下にあるものがどのようなものであるか、林は明確にしていないが、道具類や作物・家畜などをいっているのであろう。

林は、外界と環境との異同について述べていない。また〈環境と資源は同じ概念ではないが、資源は**環境の一部であるから、性質に共通した部分がある。それらは、科学・技術が発達すれば拡大する。「宇宙」はいまや、「科学の目」とどく範囲として、人間環境になったということもできよう**〉と述べている。

ここまでのところの問題を整理すると、つぎのようになる。

問題一　環境は外界と同じか

問題二　外界と環境がちがうとしたら、どのような関係にあるか

問題三　環境は外界の一部分か、それとも外界のある面をいうのか

問題四　環境と外界との関係は、「一　主体と相互関係をもっている部分」「二　人間または生物の目がとどく（感覚がとらえることのできる）範囲」か

◆外界と環境

外界は、字の意味、字義からたどれば、さほど難しい問題ではないように思える。あるものにとって外の世界、まわりの世界とみることができる。外界という概念は、あるものとの関係において生まれてきた概念である。外界という概念は、Aというものと Bというものの関係についてのものであり、Aにとっては Bは外界であり、Bにとっては Aが外界となる。Bがなくなれば Aは外界ではなくなり、単なるものである。環境も関係的概念である。環境とは、ある生物、あるいはある人にとってのまわりのも

のをいう。ある生物、ある人間がなくなれば、そのまわりのものはそれらにとっての環境ではなくなる。この限りでは、外界と環境の間に差異はない。

外界であるためには、そのものがそのものとして存在するということが前提となる。AとBの関係は、それぞれが独立して独自のしかたで存在していることが前提となる。今から五〇年以上前、こうしたことを強く主張していた人がいる。澁谷壽夫である。一九五〇年代に、澁谷と沼田を中心に、生態学界ではげしい論争が展開された。その時主張したことを、澁谷は、著書『生態学の諸問題』(2—5)の中で、つぎのように整理している。

〈生物とは独立の外界の存在をみとめた上で、生物をとりまく外界を環境とよぶのである〉

このことは、外界なり環境を考える場合に重要な意味をもってくる。それは、外界なり環境なり、ものとものとの関係をとらえるには、その関係だけにとらわれることなく、双方の、そのものとしての特徴に目を向けなければならないということである。水槽の中の金魚について考えると、金魚にとって水は外界である。また金魚は水なしには生活できない必須の生活条件であり、環境である。金魚がいなくなると、水はそのものとして存在するが、外界でも環境でもなくなる。また水が金魚にとって生活条件であり環境であることは、水の物質としての特性と密接な関係がある。まわりを外界としてとり巻いているものが、水ではなくアルコールである場合には、金魚が生きている間は、金魚にとって極めて劣悪な生活条件であり環境であるが、死ねば、アルコールは、生きものにとっての環境ではなくなる。目が光を刺激として感知するのは、受けとる側の生物の問題であるが、光を発する、あるいは反射する外界のあるものがないと成立しない。どのような理由で、あるものが光を発するのか、反射するのかを明らかにしないと、相手と主体との関係を明確にすることはできない。

沼田、林の考え方に従えば、外界のうち生物ないし人間の存在の条件となっているものを環境ということになる。条件とは、存在のあり方を規定する原因ほど強いものではないが、制約しているものである。しかし条件には、生物ないし人間の内部にある内的条件があるので、それと区別して外的条件ということになる。ここまで論を進めてくると、外界と環境のちがいがはっきりしてくる。外界とは、あるものの外に存在する世界という意味であって、ものにとってどのような関係をもっているか、どのような意味をもっているかは問わない概念であるとみることができる。それに対して、環境を外界と区別する場合には、あるものと外界との関係のありかた、そのことがあるものの存在にとっていかなる意味をもっているかを課題としているのが環境である。

◆ユクスキュルのUmgebungとUmweltをめぐって

ここまでで、前節で設定した問題のうち、問題一についての答えがえられた。そこで前に用意した、残りの三問に立ち戻って、環境についてさらに検討を加えることにする。

まず、林の引用文にある〈「宇宙」はいまや、「科学の目」がとどく範囲として、人間環境になったということもできよう〉に目を向けたい。そのために、ユクスキュルの著書『生物から見た世界』(2-6)にみられるUmgebungとUmweltという二つの概念について検討しながら、明確にしていくことにする。

ユクスキュルは、生物の生活を研究対象としている生態学の歴史の上で極めて重要な位置にある。生物の世界をその生物の立場に立ってとらえるという画期的な方法論を生み出した。ユクスキュルは、この著書の序章で、吸血性のダニの行動と環境との関係を例に、この二つの概念に新たな意味づけをしている。そのダニは低木の樹上にいて、哺乳動物から発散する酪酸を刺激として感じとり、哺乳動物が枝下を通過するのを感受し、哺乳動物の体表に落ちる。酪酸は、ダニにとっては、哺乳動物が近づいたことを意味する信号となっている。ダニの感覚器官・神経系・運動器官と酪酸が結びついてダニの一つの世界が形成されていることがわかる。

ユクスキュルは、この「酪酸—（感覚器官——脳——運動器官）」を通じて関わっている世界を Umwelt といっている。しかし、それだけをダニを取り巻く環境とみるわけにはいかない。ダニは、環境としてもっと広い世界とかかわっている。ダニは動物であるから尿をする。それはまわりの環境に排出することになる。また有機物の酸化に必要な酸素分子をまわりの環境から吸収し、二酸化炭素を排出する。酸化にともなって発生したエネルギーのうち一部は熱となって外界に発散する。これらはダニが感覚器官、神経系を通じて感知した世界 Umwelt とはちがう、その外の世界である。ダニという動物の主体の側からみると、その環境は Umwelt とそれをつつむ環境の二重構造になっている。Umwelt をつつむ環境は、ドイツ語で Umgebung に相当する。ダニの感覚・神経系と酪酸を窓口としてかかわっていた世界は栄養生活についてのものであり、このことを通じて、ダニは、その環境の中での、自分がかかわるもの、行動のしかたを限定し、ダニの生活している世界の中に一定の位置（生態的地位）を確保して生存できるようになっていると理解することができる。

このUmgebung と Umwelt について、ユクスキュル著『生物からみた世界』の訳者、日高敏隆は、「訳者あとがき」で、Umgebung に「環境」、Umwelt に「環世界」という訳語を当てた理由を述べ、ユクスキュルは Umwelt に対して、それまでのドイツ語で一般的な意味としての「客観的な環境」とはちがう独自の意味を与えたと述べている。(2−7)

再び林の引用文にもどるが、林の〈「科学の目」がとどく範囲として、人間環境になった〉における人間環境とは、人間の観測機器と感覚器官、神経系によって知りえた世界であるという点で、ユクスキュルの Umwelt に相当する。観測機器の発達によって、それまで宇宙のかなたにある天体が発していた電波や光をとらえることができるようになり、そこで初めてその存在が確認できた。しかし、その天体が発する電波や光、あるいは素粒子などは、観測できるようになる以前から、地球上に、また人間のからだに達しており、それゆえ観測により確認される以前から、その天体は、地球上の人間や他の生物と、弱いながら関係をもっていたことになる。そのようにみれば、それら天体は、観測できるようになる以前から環境であったとみるべきであろう。

◆外界と環境、再び

つぎに「環境は外界の一部分」について検討したい。これについては、沼田の『環境教育辞典』の「環境」の項のうち、先に引用した部分に続く、つぎの記述が参考になる。

〈環境とは、(中略)生物や人間を取り巻く外界のうち、それらの生活にかかわりをもつ諸条件をいうのであるが、それら諸条件の中には人間や生物の生活に著しく関与するものもあれば、そうでないものもある(中略)生物主体への関与度(中略)から(中略)順位づけができる〉

参考になったというのは、「著しく関与するものと関与しないものとの区別をどのようにするのか」という問いが生まれたことである。環境が外界の一部であれば、関与しないものは、環境ではなく単なる外界である。この区別の判断基準が明確になれば、環境と外界を区別することが具体的にできる。しかし、区別することは不可能である。すべてのものは相互関係の中で存在しているとみるからである。人間や生物に直接関与していないものでも、直接関与しているものと相互関係にあり、さらに主体からはるかかなたにあるものも、それと相互関係をもっているとみる。したがって、主体とのかかわり方が直接的か間接的か、あるいは強弱やかかわり方の質のちがいが明確にできて沼田の引用文のように〈関与度（中略）から（中略）順位付けができる〉。しかし、関係をもたないということはありえない。外界となるものと環境となるものは実体としては同一のものであるとみながら、外界は、単に主体の外のものということに対して、環境は、その外のものと、主体との関係やその意味に視点を当てた時の概念とみるべきである。外界と環境との関係は、広辞苑の②の後半の〈**人間または生物をとりまき、それと相互関係を及ぼし合うものとして見た外界**〉と、私は理解したい。

三　人間における「主体——環境」関係の特徴

◆人間の起原と生態的地位の確保

生物の進化は、からだの変化だけでなく生活のしかたの変化であり、他の生物をふくむ環境との関係が変わることであり、それまでとはちがった生態的地位を確保することである。人間も、独自の生態的地位を確保することによって誕生した。東アフリカにおける地殻変動にともなう気候変動が基因して、そこに生活していた生物にとって、その環境に大きな変化がおこり、生物世界全体の大規模な再編成が進み、それぞれの生物は、他の生物とともに変化し、新たな相互関係を結びながら、しかるべき生態的地位を確保した。これが人間を含む新たな生物の出現である。あらたに生まれた環境の中の、特定のものの変化を敏感に感じ取る感覚器官が生まれ、その変化に対応した反応ができる作動器官が生まれ、特定の生物との間に「食う・食われる」の関係を結び、その他の生物とはつながりをもたないという関係が生まれた結果である。人間の場合も、そうした環境とのあらたな関係を作り出す主体としての対応のしかたに変化があった。人間においても、生物一般にみられる「主体――環境」関係にみられる、日高のいう「環境」と「環世界」という二重構造の中で、人間特有の関係を結んだとみることができる。

生物の中には、東アフリカにおける森林のサバンナ化という環境変化に対応できず、滅んだものがいたはずである。生存できたものは、二通りの対応のしかたをみせたと考えられる。一つは狭められていった森林の中にとどまって、それまでの生活のしかたもからだの形態も、そして生態的地位も、大きく変わることなく確保して持続できたものである。チンパンジーなど現在みられる森林性のサル類がその子孫である。もう一つは、サバンナの中に身をおき、あらたな環境に対して、からだの形態も生活のしかたも大きく変化させ、他の生物との新たな関係を結んでサバンナで新たな生態的地位を確保して生存できるようになったものである。サル類でいえば、サバンナヒヒなどがその一つの例である。

人間が、サバンナという環境の中で、独自の生態的地位を確保して誕生したのは、環境である自然に対してはたらきかける主体の中に、からだの他に道具が組み入れられたことが一つの基になっている。

サバンナで生存できるようになるには、直立二足歩行だけでは不可能であった。道具の使用は森林時代に実現していた。現在もチンパンジーその他、多くのサル類だけでなく、哺乳類でも広く道具の使用が確認されている。しかし、森林時代においては、現在のチンパンジーなどでみられるように、道具の使用は生活上なくてはならないものではなかった。チンパンジーの場合、道具を使用する個体がいる群れといない群れがある。また道具を使用する個体が所属する群れにも、使わない個体があり、それらは、それでも生活できる。森林からサバンナへの生活環境の変化の中で、この道具の製作・使用なしには生存できない生活を営むことによって、人間は進化的に誕生したとみることができる(2—8)。これには、からだの変化が対応し、道具の製作・使用の誕生と発達に対応して、「感覚系——脳——運動系」から「目——脳——手」調節系を確立させることになった(2—9)。

人間の場合は、森林生態系の中で生活していたからだが中形で植物食・虫食の動物から、サバンナではいくつかの段階を経て、中型動物を食べる狩猟動物という特異な生態的地位を確保した。こうしたサル類の中のあるものからホモ属への生物進化は、からだの変化を基盤としながらも、生活のしかたの変化と生態的地位の転換の直接的原動力となったのは、道具の製作・使用のほかに協同・分配という社会性の誕生と発達があったことに注目する必要がある。

◆「群れから社会へ」とからだの変化

人間の社会性は、人間の祖先にあたるサル類にみられた群れ性を原形として生まれたものである。群れ性は共同で行動することが、孤立しているよりも重要な意味をもつ場合である。たとえば、アフリカのサバンナに生活するイヌの仲間のリカオンは、共同で狩猟し、ヌーなど自分よりはるかに大きな植物食動物を狩猟し、子どもたちのいる巣穴付近に戻ると、捕食したものを吐き戻して子どもや子守りをしたものに分配する。社会性の起原と発展は、からだの変化がそれに対応し、その生物的基盤を形成することになった。人間の場合、共同狩猟・分配を中心とした社会生活には言葉が支えとなった。これには、からだの上でことば系「耳――脳――発声器官」系が生まれた。これも、行動系「感覚器官――脳――運動器官」から派生したものである。こうした「受容系――神経系――作用系」の変化を生む根底には直立二足歩行の確立にあったといわれている。

◆人間特有の「主体――環境」関係

こうしたことから、人間における「主体――環境」関係には、主要なものとして、つぎの七つの特性が生まれた。その一つは、「主体――環境」関係が常に変動することである。その基盤となったのは道具の発達である。道具は、破損したり摩滅したりすれば交換せざるをえないし、また改良されてより優れたものになった。からだと道具によって環境と対している主体は道具の変化によって変わり、環境である自然に対応する能力が変わった。それまで食物として採取したり狩猟したりできなかったものが獲得できるようになった。今まで敵として人間に危害を加えていた狩猟動物に対する防御、逃避などの手段が発達して、敵とはならなくなった。食糧とする生物が質的にも量的にも拡大し、他方では被食による人口の減少がゆるやかになった。

第二のこととして、このような環境との関係がつねに変化することによって、人間の場合、「良質な環境とはいかなるものか」という問いに対して他の生物と同じように答えることは難しくなった。ほかの生物の場合は、すでに述べたように、環境に対応する手段としての主体のからだは、大きく変わることはなく、生活要求も大きく変化しない。したがって、人間以外の生物にとって良質な環境とは、原環境か、それに近いものである。しかし、人間の場合は、今まで環境として良質とはいえなかったものが良質なものに転換し、逆に主体の変化によって生活要求がかわり、それまで良質な環境としてあったものがそうではなくなるという場合も出てきた。

第三の特徴は、主体の変化が意図的なものである場合とそうでない場合の両方にみられるようになったことである。意図的な変化とは、道具の変化はいうまでもないことであるが、あらたに作り出した道具やつくりかえた環境に適応するよう、からだを意図的に変える、あるいは社会が個人に対して必要な変化を求めるようになった。また意図しない変化も現われるようになった。意図的なものは「自己人為淘汰」、意図的ではないものは「自己家畜化現象」である。(2—10)

第四は、道具の発達により、人間の道具への依存度が高まり、道具の使用価値をとおしての関係が強まり、自然との意識的なかかわりが希薄になったことである。人間における「主体——環境」関係は、主体の中のからだを起点にすれば、「からだ——道具」、「からだ——環境」、「からだと道具の結合体——環境」の三つの関係の組み合わさったものである。衣服を例にすれば、衣服にまとわれたからだは、外の環境と直接接することなく、衣服が環境となっている。衣服は環境となった道具である。

第五のことは、大規模化工業化にともなうことであるが、道具をめぐって製作する者と使用するものが分かれたことである。このことによって、くりかえし述べることになるが、利用するだけの者は、環境の一部である道具の利用、扱いやすさ、価格で環境（道具）としての良否を判断し、そのものの自然としての面については、意識的にかかわることが希薄になる。また道具の製作が分業化され、一人ひとりの製作作業はその全体の中の一部となり、その道具がどのような工程の中で完成されるのかという生産過程全体と無関係に、道具づくりに部分的に関与している。このことと密接に関係しているが、第六のこととして、人間は、人為的に作り出された環境の中で生活することによって、それ以外の野生世界との意識的なかかわりを希薄にし、その存在を軽視ないし無視することになった。

そして七番目のこととして、人間主体の生物性と社会性が、環境との関係においては乖離していることが上げられる。人間のからだにみられる生物性は、生物進化によって生み出されたものである。その環境との関係について身につけたものは、ヒト（ホモ・サピエンス）に至る長い生物の歴史の蓄積の中で生まれたものであり、それは数万年前に直面した環境との関係のなかで一つのかたちで安定化した。ヒトにおける原環境のことである。現在においても進化的変化の途上にあることはいうまでもないが、暫定的な固定状態にある。これに対して環境との関係における主体である「からだ＋道具」ははげしく変化して、その「主体――環境」関係は大きく変りつつある。

四　環境と自然

◆いくつかの主要な自然概念

環境教育の世界では、自然と環境をどう考えたらよいかはっきりしていない。自然という概念と環境という概念を明確に区別する必要がある。自然と環境は、同じ実体に対して、異なる視点からとらえた別の面についての概念である。ここではこうしたことを考えたい。

「自然」という語に託された概念、その解釈は多種多様である。自然という語をめぐって概念、実体・実態の間に乱れがみられるともいえる。したがって、自然に関係して論議をしようとすると、時に混乱がおこる。それゆえ、論議にあたっては、自然についてどのように考えているかを注釈しなければならない場面がしばしばある。それゆえ、自然概念について整理しなければならない。

環境との関係において明確にしなければならない「自然」概念は、少なくしぼって四つになる。その一つは「本性」であり、第二は「人間のはたらきかけを受けていないもの」という意味のものである。さらに第三のものとして、「自然に」あるいは「なるがままに」という意味の自然がある。「自然死」という場合の自然は、第三のものである。感染症や事故が原因ではなく、寿命がつきて死ぬことである。つまり外因によらない死の場合をいう。「自然石」の自然の場合は、人工を加えない天然のままの石という意味であるから、これは第二の自然である。第二の自然は、第三の特殊な場合といえる。外因のうち、人為だけをとり出して、その影響を受けないものという意味である。

第二の意味の自然は、人間が現われる以前は、地球上のすべてであった。また世界を自然とそうでないものとに分ける必要のない世界であった。しかし、人間が現われ、人間の影響を受けるものが出てきた。人間が現われると同時に自然ではないものがみられるようになった。

近代になって、とりわけ二〇世紀に入って、こうした「自然」概念は、一般的には環境を考える上で有効性が弱まり、自然概念に揺らぎが目立ってきた。原生自然、天然、第二の自然、半自然などという概念がつぎつぎに現われた。現実には、化学合成物質など人工物が地球表層全域に拡散することによって、もはや人の手の加わっていないものという意味の自然はないことが明白になった。南極大陸も、ヒマラヤの山岳地帯も、大洋の深底も、人間の作用が及んでいる。それだけでなく、月や火星など比較的地球に近い天体のほとんどは人間の影響を受けている。電波を発信して返ってきたもので、その天体の状態を調べる方法があるが、電波を受けた場合と受けない場合では明らかにちがいがあるはずである。地球内部についても、人工地震を発生させて調べる方法があるが、人工地震によって地中はなんらかの変化を受けるから、地中内部も人間の作用を受けているとみることができる。さらにはオゾン層破壊や地球温暖化によって決定的になった。人工物の対照物としての自然は現実には地球上から消えた。

整理をすると、第一は、第二、第三のように、他のものとの関係から考えるものとは異なる、別の考え方である。他のもののはたらきかけを受けても、受けなくても、それによって変化してもしなくても、そういうこととは問題にすることなく、そのものの本質的な性質という意味である。

◆自然科学の自然

これら三つとは別に、第四の自然として、自然科学の「自然」がどういうものであるかも考えておかなければならない。

自然科学の場合、方法として中心となっている実験的手法は、あるものの性質を知るのに、それに意図的にはたらきかけて反応をみて、そのものの性質をとらえるというものである。メダカを飼育している水槽内に食塩を入れた時にメダカはどうなるか。カエルの体表に扇風機で風を送った時に、カエルの体温はどうなるか。鉄が入っている試験管の中に硫黄を加えて熱した時に、鉄はどうなるか、硫黄はどうなるか。いずれも人間による条件設定あるいははたらきかけによって、その反応を見て、物質や生物の性質を調べる。それにもかかわらず自然科学という。自然科学は、生物や物質など、もののそのものとしての存在のしかたをとらえる科学ということになる。

人間のはたらきかけを、人間の意図、目的意識と、ものへのはたらきかけの強さや生物的、物理化学的、地学的な性質に分けて考えると、ものへの効果は、はたらきかけの強さや生物的、物理化学的性質により生まれ、意図とか目的意識は無関係である。メダカの実験の場合、食塩を入れるという人間の行為は視野から捨てて、食塩とメダカの関係だけに目を向けている。試験管の中に、鉄と硫黄を入れて熱する人間の行為は研究の対象とはならず、高温になった時にどうなるかということだけに焦点をあてている。そのものとしての存在を自然といっている。遺跡から発見された石器は、先史時代の道具であったが、それは人間の立場からみた特徴である。そのものとしては岩石である。それが自然としての特徴である。

このような自然の見方は、人間をとりまく世界全体を自然とその他に二分してみる見方ではなく、人間自身も外的世界も、すべてのものを自然とし「そのとおりにみる視点」と「人間の立場にとっての意味をみる視点」の二つの視点からとらえるという、ものをこの二つの見方を重ね合わせてとらえるものとして、自然を考えようというものである。そして、崇高な理念や、人々のためにつくすことを目的にした考えは、人間の心を動かし、人間の価値観やものの見方を変える根拠にできても、もの、世界そのものをかえることはできないということも明確にしておく必要がある。もしも、この世界を変えようとする、あるいは変わることなく維持しようとするならば、人間はそうした意志のほかに自然の性質、法則性に沿った変え方・維持のしかたを身につけなければならない。祈りは、祈った当人の心の安定や意欲のもとになるなどに役立ち、無意味なことではないが、それだけで他人やものを動かしたり変えたりすることはできない。

◈環境と自然

自然という概念は、外的世界をとらえる見方としては、環境と対照的であることがわかる。環境は、人間の外的世界との関係において生まれた概念であり、人間にとっての意味を問う考え方である。

自然をこのようにみると、人間自体も自然科学の対象となり、自然科学的な意味での自然となる。人間自身についても生物として、あるいは物質としてどのようなものかということをとらえる。この時、「本性」という意味の自然と自然科学の自然が同じではなく、別の概念であることに気づく。人間の自然（本性）は、「生物的であるとともに社会的である」。

外的世界である自然を、意志を中心に行動している自分たち人間と同一視することはできない。同じとみるよりも、自分の中の意識的世界とはちがった、そのもの独自の理で存在しているというみかたでとらえ、人間もそうした自然の一つとして存在しているとみるべきであろう。

人間も自然であり、物質の一種である。炭素、水素、酸素などの原子の集まりとして存在している。またタンパク質、脂質、核酸、糖類など化合物の集まりである。生きているということは、こうした物質の存続であり変化である。

五　環境教育における環境

◆公害など環境問題における環境

外界を、人間との関係にかかわることなく、そのものとしてとらえたものが自然、人間とのかかわりにおいてとらえたものを環境とするならば、この環境と、環境教育が教える内容や環境学が研究対象としている環境とは異なる。食糧も道具も、人間をとりまく外界の一つとして、人間と密接な関係をもっているから、環境である。林の環境の定義にあった、人間による「制御下にあるもの」も環境である。広辞苑や沼田の定義による環境の中にはこうしたものがふくまれるとみるべきである。しかし、環境学や環境教育は、道具・食糧の有用性、有害性については、環境問題とはとらえておらず、食糧、経済などの問題とみている。

そこで、いくつかの環境問題を例にして、問題となっている環境がどのようなものであるか、検討することにした。

その最初の一つとして、一九六〇年代から発生した、川崎製鉄（現ＵＦＪ）千葉工場の廃棄物を原因とする大気汚染公害を例としてとり上げたい。これは製鉄工場で鉄鋼材の生産とは別に、硫黄酸化物などが生成され、それを大気中にそのまま排出したことが主因となっている[2―11]。排出された硫黄酸化物などは大気中に拡散していったが、周辺地域の大気中に高濃度のまま滞留し、それが住民に対して主として呼吸器疾患の原因となり、さまざまな身体上の、生活上の障害のもととなった。

この時、周辺地域の環境保全の観点から、工場で生成された有毒物質を制御して排出をとめる、あるいは工場内で無毒の物質に変えてから排出するなどの廃棄処理をしていれば大気を汚染することはなかった。たしかに人為による制御がされていない物質であった。しかし、必要でないものを工場外に排出するというのは、工場内の環境浄化の意味で、意図的な人為によるものであるから、制御されていたともいえる。取り巻く外界が制御されているかどうかは、何を主体として考えるかによって異なる。制御されず問題となったのが環境であれば、また制御されて保全されたのも環境である。

同じことは、後の章で紹介する、茨城県の小学校教諭であった鈴木生氣が授業計画として考えた「久慈の下水」にもみられる。(2―12) 河川周辺が都市開発されず、人口が少なかった時代においては、家庭廃水を河川に排出することは生活の中で普通のこととされていた。その地域が都市化して人口密集地となり、排出する廃水の量が大きく増加しながらも、かわることなく河川に排出された。これは、生活の中の、家庭環境浄化として意図的に制御された行為によるものであった。しかし、排出される廃水の量が少ない時代では、河川の自浄能力によって水質汚濁をまねくことはなかったが、人口の増加にともない排出量が増加することによって、河川の自己再生能力をこえるものとなって、河川汚濁が生じたというものである。この二つの環境問題は、工場あるいは家庭の環境浄化という点では意図的に制御された行為によって生まれたものであるが、視点を周辺住民全体の環境保全の問題に移せば、制御されていないことになる。

アスベスト公害の場合を考えると、建物の壁材などの材料であったアスベストは、意図的に制御されて生産され、商品として売買するためのもので、意図的に利用されたものである。生産、移送、消費、廃棄という過程で、それが微粒子となって飛散し、その有毒性によって周辺の人たちに健康障害、致死という悲惨な事件を発生させることとなった。初期の段階では、アスベストの有用性にのみ目が向けられ、その有毒性は認識されていない中で発生した事件である。ここでも、周辺の人たちの環境保全という点からみれば、制御されていなかったとみることができる。しかし製品の生産という視点からすれば、意図的な制御された行為により生まれたものであるともいえる。

この三つの環境問題に共通していることは、環境の悪化が、生産ないし生成、あるいは移送、消費、廃棄の当事者とは別の、周辺住民に広く及んでいることである。

シックハウス症候群の場合は、塗装材、接着材などにふくまれているホルムアルデヒドなど、その有用性によって使われている材料が有毒であり、それが建物その他に利用された場合に、室内に飛散して空気を汚染し、健康障害が発生した例である。ここでも、塗装材、接着剤としてつかわれた物資の有毒性に気づくことなく、生産、利用されて問題が発生した。しかし、シックハウス症候群は、一般的には、欠陥建材の使用により発生した問題である。

工場内で機械を操作している中で、その機械に不具合が生じたり工具に欠陥があったりして、それを使用していた人が負傷するというような問題は、工場災害あるいは道具の欠陥の問題である。それは環境の問題とはいわない。乗用していた自動車に欠陥部があり、それによって負傷したり死に至ったりという事故の場合も、自動車は、乗車している人にとっては環境であり、その環境に問題が発生したとはいえ、環境問題とはいわない。それは欠陥製品の問題である。しかし、自動車の欠陥により、その排気ガスの中に有毒物質がふくまれ、除去されずに排出されて、道路周辺の住民に大気汚染被害をもたらした場合には、これは環境問題である。人間をとりまく外界はすべて環境という側面をもっているが、そこに発生する問題のすべてを環境問題とはいわない。

◆環境保全のための道具

都市の下水道を完備して、家庭や工業の廃水を直接河川へ排出することをやめ、水質浄化が実現できた場合、人間が行なったことは下水道という都市施設（道具）を作ったことであるが、環境保全となる。施設という道具は、環境保全のための手段の位置にある。土砂や河川の洪水を防ぐためにつくる堤防も道具であるが、目的は自然災害防止にあり、これも環境保全である。自然災害の危険を知りながら、その防御策を講じることなく放置し、実際に自然災害が発生した場合には、人為的な環境破壊であり、人為災害である。原発事故の直接の原因は、地震と津波であるからといって自然災害とはいわない。そうした事故の発生が予測されたにもかかわらず設置して稼動させ、周辺住民に害を及ぼしたのであるから、公害という環境破壊行為である。

道具の集積といわれる都市環境について考えてみると、郵便局や銀行、各種商店、道路や標識・信号機、送電線・電話線、住宅などは、そこにはたらく、あるいは住んでいる人にとって道具としての役割を果たすことによって、それらの人たちの生活条件となっている。しかし、これらに不具合が出て、利用している人の健康が損なわれたり、精神的な苦痛が発生したりの被害も、それを環境問題とはいわない。道具の欠陥であり故障の問題と受け取られている。しかし、その全体としての景観や、ヒートアイランド現象といわれている都市独特の微気候などは、環境問題となる。都市環境の場合、環境保全は、下水道の完備やゴミ処理、集中豪雨発生による洪水対策、緑化などでみられるように、すべて道具を介して意図的に行なわれる。景観について関心が高くなり、緑化のほか美観維持が配慮されるようになっているが、これらは、環境保全を目的につくられた道具ということができる。都市の環境には、道具であるとともに、景観など環境学・環境教育の環境としてあるという、二重構造がみられる。

◆環境学・環境教育の環境とは

このように考えてくると、宮本憲一の環境のとらえかたに重要な意味を感じる。(2—13)

宮本は、環境の定義はむずかしいとまえおきしながら、資源とのちがいと関係にふれ、素材面からその性格を三つ上げている。その一つとして、〈**共同性があり、非排除性があること**〉を上げている。宮本がいうように、こうしたとらえかたをすると、環境を構成しているものの中には、用水のように、その料金を支払わなければ利用できず、排除されているものがあるし、湖岸や海岸では、親水域が工場やホテルなどによって独占利用されるなど資源化され、排除的となっているが、これは、環境として共同性と非排除性を具備していたものを資源化することによって、人々の環境権を奪ったことになる。しかし、用水使用者の中には、私的活動に大量に利用している者が多くいることも考慮しなければならない。宮本も言っていることであるが、良質な環境を享受するとは、基本的な生存権という性格をもっている。共同性と非排除性はその重要な要件の一つとみることができる。

第二には、〈**環境が歴史的ストック**〉であることを上げている。長い年月をかけて蓄積されてきたものであり、一度破壊されれば再生不能となるという意味である。第三にとり上げているのは、〈**地域固有財**

としての性格〉である。景観は地域固有のものであり、水系、大気は地域固有のものであるなどを例にしている。

この宮本のいう環境の性格は、資源との比較において明確にされたものであるから、広辞苑・沼田の定義による環境とは異なる。資源も、人間にとっては外的世界であり、しかも人間と強い関係にあるから、広辞苑・沼田の環境の一部とみることができる。しかし、宮本は、資源を環境とは別のものと考えている。

広辞苑や沼田の定義にしたがって環境を考えた場合に、この宮本がとり上げた環境は、広い意味での環境ではなく、狭い意味の「環境学的」環境というべきものである。人間にとっては、環境は二重構造になっていると考えることができる。そして、広い意味の環境について学ばせることが環境教育の目的であるとすると、資源を対象とした鉱業、漁業を学ぶことも環境教育になる。資源だけではない、作物・家畜、その生育地である田畑、牧場も環境の一部であるから、農業を教えることも環境教育の使命となる。道具も材料も環境の一部であるから、これを扱うさまざまな工業、林業、商業、流通業についての教育も環境教育の一環となる。理科も、人間にとっての環境を、自然として認識させることを中心とした教科であるから、これも環境教育の一つとなる。人間の存在様式である生活を、環境である自然とのかかわりと社会的諸関係からなるとみて、教育の構造を考えた場合に、環境教育は、教科を二分する、社会科教育の一方の大きな教育領域になるとみることができる。

しかし、環境教育をこのように考える見方を認める人はいない。環境教育を、その誕生からみて、また前身である自然保護教育と公害教育から発展的に生まれたものとみれば、環境についての教育は二重構造をもちながら、環境教育は、環境保全についての教育、子どもたちが自身によって自分を「環境保全主体」にすることを助成・支援する社会的な営みとして位置づけるべきである。

しかし、道具・資源など環境保全教育から外されたものも、その有用性とは別に、一つの自然物（物体・物質）として見た場合に、それが宮本のいう、環境の三つの性格が備われば、環境保全、環境保全教育の対象、内容となる。すでに述べたように、下水道施設や水害防止の施設は、それ自体は道具としての有用性を備えているが、また環境の一部となっている。都市を作り出したさまざまな建造物、諸施設は、それ自体は道具であるが、都市景観の一部となる。アスファルトとコンクリートからなっていることから、独特の微気候が生まれ、それが環境問題になっていることは衆知のことである。

六　環境保全と自然保護

環境保全と自然保護は、互いに密接な関係にあるが、まったく異なるものである。目的と方法もちがうということを明確にしておかなければならない。環境保全は、人間をはじめとする生物を主体とした時の環境の保全ということになるが、自然保護は、そうした人間の「主体――環境」という関係とは別の、自然そのものの保護である。しかし、環境保全であれ悪化であれ、環境の変化にはその基盤として自然変化がある。また自然変化はかならず人間にとっての環境変化をもたらす。

良質な環境にするために、環境にはたらきかけて変化させるということは、目的の上ではそうであるが、実際の人間のはたらきかけは自然に対するものである。環境となっている自然は、すでに述べたようにそのものの理に則して存在し変化している。かつて大気汚染の原因となっていた硫黄酸化物は、硫黄酸化物であるから陸上の生物にとって有害なのである。それを除去するには、工場で生成された不要な諸物質を大気中に排出する前に、特定物質に吸着して工場外に排出しないようにする必要がある。その硫黄酸化物の吸着とは、その特定の物質との物理化学的反応である。灯油や炭の不完全燃焼により発生する一酸化炭素中毒は、この物質が血液中のヘモグロビンという酸素運搬物質と強く結合して、ヘモグロビンと酸素の結合を阻害するからである。そうした物質としての性質から、一酸化炭素は中毒物質という環境としての性質がみられるのである。したがって、一酸化炭素中毒を防止するには、この物質を発生させる不完全燃焼などの物質変化がおきないようにするほかない。これは明らかに物質変化、自然の変化に対する人間のはたらきかけの問題である。

環境保全とは、人間を主体として、良質な環境を保全することである。不適当な環境を保全することではない。同じように自然保護も、自然のすべてを保護することではなく、ある特定の自然を保護することである。白神山地のブナ林の保護を例にするならば、それが人間にとっての環境として重要な意味をもつ生態系として保全しようとしている場合は、それは自然保護ではなく環境保全である。しかし、それとは別に、白神山地のブナ林が地球上の自然の中で特別な位置にあり、その保護が自然の立場からみて重要な意味をもっているということから保護しようとしている面が自然保護である。環境保全と自然保護は、保全、保護する目的、あるいは理由がまったく異なる人間行為になる。

その保護すべき特定の自然とはどのようなものか、何を根拠に保護するのか、明確にしなければならない。日本国の「自然環境保全基本方針」の場合は、目的として次の四つをあげ、判定基準を設けている。

〈(1)人為のほとんど加わっていない原生の自然環境、国を代表する傑出した自然景観、更に学術上、文化上特に価値の高い自然物等は、多様な生物種を保存し、あるいは自然の精妙なメカニズムを人類に教えるなど、国の遺産として後代に伝えなければならないものである。いずれもかけがえのないものであり、厳正に保全を図る。

(2)国土の自然のバランスを維持する上で重要な役割を果たす自然地域、すぐれた自然風景、野生動物の生息地、更に野外レクリエーションに適した自然地域等は、いずれも人間と自然との関係において欠くことのできない良好な自然であり、適正に保護を図るとともに必要に応じて復元、整備に努力する。

(3)自然の物質循環に生産力の基礎をおく農林水産業が営まれる地域は食糧・りん産業をはじめとする資源の供給面だけでなく、国土の保全、水源のかん養、大気の浄化等、自然のバランスの維持という面においても必要かくべからざるものであり、その環境保全能力を評価し、健全な育成を図る。

(4)都市地域における樹林地、草地、水辺地などの自然地域は、大気浄化、気象緩和、無秩序な市街地化の防止、公害・災害の防止等に大きな役割を果たし、また地域住民の人間形成にも大きな影響を与えるものであるところから、健全な都市構成上、都市環境上不可欠なものについて積極的に保護し、育成し、あるいは復元を図る。〉

このうち、(1)の〈人為のほとんど加わっていない原生の自然環境、国を代表する傑出した自然景観〉と〈多様な生物種を保存し〉を除けば、すべて環境保全を目的とし、自然保護はその手段の位置にある。(3)

と⑷は、人間の立場からの環境保全を目的にした手段としてのものである。〈**学術上、文化上特に価値の高い自然物**〉と〈**自然の精妙なメカニズムを人類に教える**〉は、人間の立場からの判断基準であり、環境保全の一つのかたちである。⑵の〈**野外レクリエーションに適した自然地域等**〉と〈**人間と自然との関係において欠くことのできない良好な自然**〉は、環境保全の視点から設定されたものであり、〈**国土の自然のバランスを維持する上で重要な役割を果たす自然地域**〉と〈**すぐれた自然風景、野生動物の生息地**〉は、どのような〈**バランス**〉なのか、〈**すぐれた**〉とはどのような視点から考えたものか、野生とは何かが明確にされないかぎり、環境保全なのか自然保護なのかは判別できない。そして、基本となる考え方としている〈**①経済活動のための資源としての役割を果たすだけでなく、②それ自体が豊かな人間生活の不可欠な構成要素をなす**〉から判断すれば、環境保全を目的とした手段としての自然保護とみることができる。このことは、総理府告示が「自然環境保全基本方針」（傍点は筆者による）であることから明らかなことである。

一方、世界遺産条約の登録基準の二〇〇五年に改定されたものでは、改定前の自然遺産に関するものの〈**⑺ひときわすぐれた自然美および美的な重要性をもつ最高の自然現象または地域をふくむもの**〉は、美的という人間の感性、感情から判断したものであるから、環境保全の立場からのものとみることができる。これに対して〈**⑻地球の歴史上の主要な段階を示す顕著な見本であるもの。これには、生物の記録、地形の発達における重要な地学的進行過程、重要な地形的特性、自然地理的特性などがふくまれる**〉は、人間が自然そのものの特徴から判断したものであるから、自然保護をめざしたものである。また〈**⑼陸上、淡水、沿岸および海洋生態系と動植物群集の進化と発達において、進行しつつある重要な生態学**

的、生物学的過程を示す顕著な見本であるもの〉も、〈⑽生物多様性の本来的保全にとって、もっとも重要かつ意義深い自然生息地をふくんでいるもの。これには科学上または保全上の観点から、すぐれて普遍的価値をもつ絶滅のおそれのある種の生息地〉も、環境保全のためよりも、自然保護をめざして制定されたものと判断することができる。

しかし、これで自然保護の考え方が明確になったわけではない。⑻の文面の中の〈主要な段階を示す顕著な見本〉、⑼の〈重要な生態学的、生物学的過程を示す顕著な見本であるもの〉、〈⑽生物多様性の本来的保全にとって、もっとも重要かつ意義深い〉が、どのようなものであるかをはっきりさせる必要がある。とはいうものの、日本の自然環境保全基本方針が、名のとおり経済的、環境保全的保全を目指しているのにとどまっていることと比較すれば、自然保護の考え方が明確であり、大きなちがいである。

七 「人間にとって良質の環境とは」を考えるために―自己家畜化をめぐって―

◆はじめに

この章のしめくくりとして「人間にとって良質な環境とはどのようなものであるか」ということについて考察する。しかし、この問題を解くのはきわめて難しい。それは、人間の「自己家畜化」に原因があるからである。

すでに述べたように、ほかの生物であれば、その進化的起原にあたって、かかわった環境（原環境）が良質な環境である。生物の生活様式も、その発現のもとになっている体も、その環境との関係によって定まったからである。取り巻く環境が大きく変わることがなければ、生存できるということになる。人間以外の生物においても、環境に変化があっても、ある範囲内であれば生存可能である。原環境から遠ざかるにしたがって、不適なものになるとみたい。

それに対して、人間の場合、すでに述べたように、そのからだからは想定することのできない生活が展開されて次々に変化し、環境とのかかわりも絶えず変化しながら多様になっていった。主体の変化、環境の変革、主体と環境との関係の変化の三つが相互作用的に進行していった。こうした人間独特の「主体——環境」関係は、人間の始まりとともに現われてきたが、農耕生活を始めて以降、人為環境の中で生活するようになってから、今では、その頃のものとは大きな隔たりのある環境の中で、人間は生活している。

人間は、自分にとって良質な環境であるというものを想定し、それに沿って環境を変えてきた。しかし、想定したものが、あるいは想定によってつくり出した環境が、その実は良質な環境とは言いがたいものになっている。これが、「人間にとって良質な環境とはどのようなものか」という問いを生み出した。それは、公害といわれる環境悪化が発生したということだけではない。それだけであれば、現実的には難しい面があるものの、理論上は人間が環境を悪化した原因を取り除けば、この問いは消える。しかし、それだけでは解決できない。問題は、人間性の深部にある。

◆小原の「自己家畜化」論

良質な環境とはどのようなものか。この問題に取り組む手がかりはいくつかあると思うが、その一つとして、小原秀雄の「自己家畜化」(2—14)論がある。

「自己家畜化」という語は、小原のものをふくめて、五つの異なる概念に対応したものであるが、整理すれば、大きく二つにまとめられる。その一つは、馴化と同義のものであり、「自己家畜化」という語は誤用である。その動物に関するものは、人間が強制的に家畜にするというより、野生動物のほうから人間社会に近寄り、馴化したことをいっている。これは、イヌを例にするならば、オオカミの中のあるものが人間社会に馴れるようになったという、家畜化していく前段階にあたるものである。第二は、人間の社会的なものは、この動物についての概念から派生したもので、人間が、権力者やその社会におもねるように馴化していくという意味のものである。しかし、動物も人間も、家畜化は、飼養する側の人間の判断によって決められる。

二つ目の大きなものは三つに分けられるが、人間における自己家畜化そのものに関する概念である(「自己家畜化」は人間以外にはみられない)。その一つは、自己家畜化の事実に目を向けたものである。家畜特有の形質に類似したものが人間にも現れる現象を指して、自己家畜化現象ととらえたものである。家畜には、人間によって整えられた環境の中で生活している中で、野生動物にはみられない独特の形質が発現する。

それに対して、同じような形質が人間でも現われており、それは、人間が自分で環境をつくり、その環境の中で生活することから生まれたことに起因している。多義的な「家畜」概念のうち、〝人間によってつくられた環境の中で管理されている〟という面をとり出し、この「家畜化」という概念が生まれた。人間は、いわば自己家畜化動物であり、その結果としてそうした形質が現れているとみたのである。
性周期が不定期になる、過剰な性行動、部分的に脂肪がつく、体毛がなくなる、体毛の一部だけが長くなる、乳房が大きくなる（野生動物は授乳期だけ）、従順になる、自律的行動がうすれるというようなことが、家畜と人間に共通にみられる。人類学は、人間におけるこうした形質発現に対して、「自己家畜化」現象と言ってきた。家畜には、内分泌系に変化が現れ、大脳が退化する傾向がみられるとも言われている。

小原は、こうした人類学の「自己家畜化」現象に注目しながら、その現象が生まれる状況の解釈だけにとどまることなく、自己家畜化は人間の、生物性と社会性の結合による存在のしかたから生まれた本性として考え、人間論の基本の一つにすえた。これが、第四の「自己家畜化」概念である。

それは、その語感から受けるような否定的なものではなく、事実としてとらえたものである。しかし、自己家畜化の進行の方向によっては、人間性の喪失をまねく問題にもなりうることも指摘している。小原は、人間の「自己ペット化」、あるいは「カプセル化」というような概念を生み出し、檻の中に閉じ込められた家畜（飼養動物）にみられる現象と、閉鎖的な環境の中で生活することによってみられる、人間性衰退現象とを結び付けて、警鐘を鳴らしている。第五の、尾本らの「自己家畜化」論は、この現代的な、負の様相に着目したものである。[2―15]

小原の論は、「自己家畜化」を人間性からのぞくことのできない必然的なものとしてとらえている。そこには、人間性の確立につながる「人間の環境との良質な関係」を生み出す環境観の創出を考える上で重要な示唆をあたえてくれている。

◆自己家畜化と代替環境

はじめに、こうした人間にとって重要な「自己家畜化」を、すでに検討した代替環境との関係でとらえる試みをしたい。

家畜の前身である野生動物時代の環境を原環境とよぶならば、家畜の環境は代替環境である。人間についても、ヒトになった時に対応した環境が原環境であり、その後自身によって改変して、新たに創り出してきた環境は代替環境である。家畜も人間も、今は代替環境との関係の中で生活している。これは、家畜化の一つの面である。

原環境と代替環境の二つの間での、生活にみられる隔たりを生み出したもとになるものは、具体的にいえば二つある。一つは、人間の自然の改変力（自然力）が強大になったことである。環境の改変が、野生時代（採集狩猟生活時代）の、住居をふくめた周辺にとどまっていた段階から、農耕・牧畜時代になって、環境全体に拡大した。

もう一つは、人間の自然と生物についての知識・体験の蓄積をもとに形成されるようになった自然像とその変化による「良質な環境」観が生まれ、つぎつぎに変転していったことである。家畜についていえば、人間のもつ家畜環境造成能力の増大のほか、家畜についての「良質な環境」観の変化が基礎となっている。この家畜についての「良質な環境」観は二つの視点から形成された。一つは、人間の立場からの、利用しやすさ（食糧として、道具として、その原材料として、質・量ともすぐれていること）と飼育しやすさからの判断基準に基づくものである。もう一つは、生存と繁殖という、家畜という動物の視点からの判断基準に基づくものである。「家畜環境」観は、この両方の関係から生まれたもので、家畜環境としての適否は、これを尺度として評価される。この判断基準からは、人為的につくり出された家畜の代替環境が、実際に家畜自体にとって良質なものであるかどうかをとらえることは十分ではなかった（動物愛護の思想には、こうした問題意識がみられるものがある）。

◈家畜、環境の人工化

家畜は人工的な環境の中で生活しているが、その環境を人工化するとはどういう意味をもっているのか。まず一つは、わかりきったことではあるが、環境が自然のままに変化するのではなく、人間が介在して環境が変化したという意味である。

この人間のはたらきかけは、自然のままに環境に変化を与えたこととどこがちがうのであろうか。人間のはたらきかけの、目的意識（改変意図）と、自然力（自然を変化させる、あるいは動かす力）の二つのうち、家畜特有の形態的、生理的変化は、目的意識によるのではなく、発揮された自然力によって生まれた自然が、家畜に環境として影響を与えて、生じたものである。家畜にとっては、人間がどのように考え、どのような目的達成を期待したかなどはまったく問題としていない。この人為的自然力と、自然のままにはたらいた自然力では、自然力としては同じであり、家畜に対する影響のしかたのちがいは、物理化学的な、あるいは生物的な、どの点についての、どの程度の大きさの作用であったかということだけである。それが同じならば、同じ自然変化が発生するはずである。そして、それを、家畜の動物としての立場から見た時に、どのような意味をもっているかということが、ここでの核心となることである。

別のことばでいえば、家畜は社会的存在であるが、またそれはウシなりブタなり、イヌなりとしての動物的存在である。人間はこの家畜に対して、社会的な目的達成を期待し、その手段として、これらの動物としての生存と繁殖に目を向けてはたらきかけるが、家畜の側からすれば、それ自体と環境である自然との関係のみに意味がある。

このような視点から、家畜にとってどのような自然が環境として良質なのかということを考えるための参考の例としてはノイヌがある。ノイヌは野生化したイヌという意味であるが、はたしてそうなのかは別にして、その人間との関係は、二重の意味において、家畜であるカイイヌとは異なる。その一つは、飼養を通じての人間との直接的な関係が絶たれたということである。もう一つは、人間がつくり上げた、人間と自然からなる世界（人間世界）から離脱したことである。飼養を通じてあった、人間との直接的な関係を絶ちながら、人間世界の中にとどまり、生息しているのがノライヌである。イヌには、同じ種の個体でありながら、この三つの異なる生活のしかたがある。

このノイヌは、奄美大島では、絶滅危惧種であるアマミノクロウサギを殺し食べる、その他の地域ではシカやその他の動物を食害する。場合によっては人間に危害を加えるということから、問題視されていて、法的には有害鳥獣扱いになっている。伴昌彦さんたちの調査によれば(2-16)、糞分析によって、日光のシカは大繁殖するようになってから、ノイヌの重要な食糧源となっていることが明らかにされている。ニホンオオカミが絶滅したことが、シカ個体数の異常増加の一つの原因として考えられているが、ニホンオオカミに代わるものという期待がされているのであろうか。

このノイヌの環境は、イヌは外来動物であるから原環境ではないが、それに近い自然的代替環境であ

表2—1　野生生物・里生物・飼養生物

			イヌ	植物	動物	人間
野生世界	原環境または自然代替環境	野生生物	ノイヌ	天然ブナ林	アフリカサバンナのアフリカゾウ	狩猟採集民
人間世界	代替環境	里生物	ノライヌ	カントウタンポポ・タイヌビエ	カラス・ドブネズミ	
		家畜・作物	カイイヌ	ダイコン	動物園のゾウ・ライオン	農民・都市民

る。家畜として飼養されているカイイヌの場合、その環境が原環境からどれだけ遠ざかっているのか、カイイヌが代替環境の中で暮らすことによって、イヌとしての形質がどのように変化しているのか、ノイヌの環境とからだ、生活との比較から知る手がかりがえられるかも知れない。それがイヌにとって良質なものであるかどうかを判断するための具体的な材料を提供してくれている。

◆人間における環境の人工化

このことは、自己家畜化における人間と環境との関係についてもいえる。人間は、自分たちにとっての「適した環境」像を描き、それに基づいてそれまであった環境にはたらきかけて別のものにし、あるいはそれまで直接的なかかわりのなかった野生世界にはたらきかけて、自分たちが生活しやすいと思う環境につくりかえてきた。ここでも環境改変は自然改変を基盤とし、人間がその時に身につけていた自然力によるはたらきかけで発生する。環境改変は、現実には自然と自然の相互作用による、自然の理に則した変化が基盤となっている。そして、変えられた自然が、人間自身にとっての環境としてあらたな意味を持つことになる。

しかし、そうした「意図的環境改変」ともいうべき行為は、原環境とは異なる環境をつくり出す行為であるから、「代替環境形成」ということができる。また原環境から抜け出すという点では「脱原環境」ということもできる。これは、人間の「自然に意図的にはたらきかけて改変して利用する」という本性の、一つの具体的で特殊な形態である。人間は、地質や地形、気候、水環境の異なる地域に移住し、そこでそれまでとは異なる食物連鎖の関係を成立させ、それまでとは異なる生態的地位を確保して生存するようになった。たとえば、東アフリカよりはるかに寒冷な地であるシベリアに移住していった人たちは、誕生の地とは異なる自然の中で、衣服や住居、暖房用具を開発して寒さに耐え、東アフリカのサバンナに生息している動植物とは異なる動植物と「食物連鎖」の関係を結んで生活するようになった。

誕生の地である東アフリカにおいても「脱原環境」がみられたはずである。原環境となっていた自然そのものには大きな変化はなかったが、道具の開発などによって、環境とかかわる主体である人間の側に変化が生まれ、「主体――環境」関係が変化した。そのことによって、東アフリカの自然は、原環境から代替環境へと変化したとみることができる。

◆自然の多様さと複雑さの意味

人間の「意図的環境改変」には、もう一つ重大な問題がある。それは、かりに人間の自然力が期待したとおりにはたらき、環境が望んだものになったとしても、それで人間にとって良質な環境がえられるかというと、必ずしもそうとはいえないということである。「自己家畜化」が、人間の深層に迫る問題をかかえているというのは、このことが関係している。

その理由の一つは、人間自体も環境である自然も、多面的であり複雑系であるということにある。複雑系であることによって、その系の一部の変化が、全体の総合作用によって修復できることもあるが、軽微な損傷によって全体に重大な影響が及んでいく場合もある。また、そうした変化が想定できないほどの多様に展開されることもある。

物質の多面性とは、ある物質種が他の物質種と遭遇した場合に、その「他の物質種」の性質に対応して、別の反応をみせ、変化して別のものになるということである。一〇種の物質種と遭遇すれば、一〇通りの反応のしかたをみせて、一〇通りの変化をするということである。たとえば、大気中の窒素分子は、常温、常気圧であれば変化することはないが、自動車のエンジン内部のような高温燃焼がおきれば、酸素分子と反応して、さまざまな窒素酸化物となる。一時は安定的であることによって、夢のような物質と思われていたフロンも、地表はるか上空に達して、強い紫外線を受けると分解して塩素を発生し、オゾンを分解することもその例である。

したがって、物質や自然についての知見が、特定の面、部分に限定されていながら、それに基づいて物質や自然の改変を進めると、予想もつかない別の物質・自然変化が生まれるという場合が出てくる。そしてそれが環境の変化として、人間に影響を及ぼすことになる。しかし、人間は物質・自然・生物のすべてについて知り尽くしてはいない。それでも、環境である自然にはたらきかけねばならない。

◆人間の限定された視野

これは自然としての問題であり、至極当然のことである。問題となるのは、そうした物質・自然から成り立っている環境と関係をもっている、人間の環境観とその基礎となる認知様式にある。それは、北村和夫がいうように[2-17]、人間の認知様式が、まわりの世界からの情報のうちの多くは、無意識のうちに排除され、残された情報に基づいて意識的に判断を下すという傾向がみられるということである。

このことに関して、脳生理学に興味深い研究がある[2-18・2-19]。人間の脳を形成しているシナプスは、幼児期に入るまでに過剰といわれるほど大量にみられる。が、生まれてから遭遇した環境との対応関係の中で、「刷り込み」により行動様式、認知様式を確定していく。その過程で、それに関係したところのシナプスは残り、機能的に強化されていく。しかし、他のシナプスは衰弱し消失する。シナプス全体の数は、たちまちのうちに大きく減少していくというのである（人間だけではないが）。これは、人間には、物質や自然、取り巻く世界について、本質的に特定のものに視点をおき、他のものを排除する傾向があるという見方の、生理学的な証拠であるとみることができるのではないか。このシナプスの残す・すてるという生理現象には、臨界点があるという。その臨界点に当たる、ある時期までに残るように刷り込みをしておかないと、残すべきものが残らず、行動様式、認知様式に重大な損傷が生じる。多様に、複雑に変転する自然を前にしながら、その一部を切り取って知識を得、そこから判断して対応せざるをえないという人間の側の事実を、人間の本質として理解しておく必要がある。視点、視座、視野、焦点、観点などさまざまな語が思い出される。それは、人間がヒトになった時においても同様であったはずである。しかし、採集狩猟生活における「主体――原環境（野生世界）」関係と、現代的な「主体――代替環境」関係とでは、環境に重大な差異があり、大きくちがっているはずである。そうした違いは人間が良質な環境を形成するために、その目的意識によって自然を改変するということの中にふくまれている、こうした問題性に注目しながら、しかもなお、良質な環境の形成をめざして、意図的に自然を改変する道から外れるわけにはいかないという事実に注目しておかなければならない。これが、自己家畜化論の本質の一つの面ではないかと考える。

もう一つ、人間の起原の過程の中で同時的に生まれてきた、本性ともいうべき「自然に意図的にはたらきかけて改変し、それを利用するとともに、自身をも変革する」作用にも目を向ける必要がある。「自己ペット化」、「自己カプセル化」など負の自己家畜化は、こうした作用のしかたの変質と大きくかかわっている。この変質は、自己家畜化によって生まれた代替環境の、原環境からの隔たりが生み出したものである。

◆原環境とは

良質な環境を造成し、保全するとはどのようなことかを考えるために、これまで保全する環境がヒトの原環境にどれだけ近いか、あるいは隔たっているものかということを一つの基準としてきた。それでは、ヒトの原環境とは具体的にどのようなものであったか。この問いに対して、すぐに「東アフリカのサバンナ」という答えがかえって来るであろうが、それは正しくない。それは、ヒトが誕生した時の、その場所の自然であって、環境ではない。ヒトの原環境を明らかにするには、誕生した時のヒトが、①どのようなからだをし、②どのような生活のしかたを身につけていたか、③サバンナの自然を環境として、それとどのようにかかわっていたかという視点から考える必要がある。

生物の場合、原環境の自然から離れて、異なる自然の地域へ移って生活せざるをえなくなったとき、そのからだと生活のしかたに対応した環境となる自然を見つけ、対応関係が成立した時に生存できるようになる。その時の環境が代替環境となる。異なる自然との間で、からだ、生活のしかたを変え、異なる対応をみせれば、別種となる。人間以外の生物の場合、代替環境は限りなく原環境に近いことが望まれる。

人間の場合は、人間の本性ともいうべき〝自然に意図的にはたらきかけて改変し、利用する〟が生活のしかたの基本となっている。人間の、主体の中に組み込まれる道具の製作も、自然改変も、この本性がもとになっている。原環境が、サバンナや草原というのも、ヒトが誕生した時の地の自然がこうした本性に見合った環境としての質をもっていたものであるとみることができる。原環境に近い代替環境を形成するというのは、こうした本性との関係を基盤に考えられねばならない。

もしそうだとすると、人間にとっての「良質な環境」とは、物質循環が自律的な生態系の中で、林と草原の入り交じった見通しのよい景観に囲まれるなどのほかに、人々が自由にはたらきかけて改変して、それを利用するという機会を生み出すことのできる環境を提供することである。とりわけ子どもの発達成長にとって欠くことのできない環境とはこうしたものである。

三章　野生世界と生物多様性

一　わかりにくい「野生」概念

人間世界である都市と農村でみられる、家畜・作物と里生物は、どちらも生存可能な環境が人間によって用意されているという点で同じであるが（代替環境）、家畜・作物の場合は、それを生存させることを目的として環境を用意しているのに対して、里生物の場合は、その生存を目的にはせず、他の目的のために用意した環境が、結果として生存可能な環境であったという点にちがいがある。しかし、人間がつくりだした環境の中で生息し、人為が途絶えれば生活できなくなるという点では共通している。

人間世界とは異なり、対置し相互に関係しているものとして野生世界がある。現在地球上にある世界はこの二つから成り立っている。

その野生とは生物のどういう状態をいうのかが、わかりにくくなっている。そのために、野生生物保全が曖昧になっている。こうした曖昧さをこのまま放置して、生物多様性保全を進めていくと、生物世界とその多様性に重大な異変が生じるのではないかという心配を感じる。

辞書などで「野生」を調べてみると、ほとんどが「生物が山野に自然に生息していること」というようになっている[3―1]。これは、生物が生息している場所の景観と人為の影響の二つを視点としたものである。現在の「野生」概念にみられる曖昧さはここに発している。白川静著の『字通』[3―2]には、「野生」という見出し語はない。「野」という見出し語の説明に関係した文中にみられ、そこには、「自然に生え出たもの」としている。これには景観からみる視点がない。

また岩波書店刊行の『岩波生物学辞典』[3―3]には当然のことながら「野生」はない。野生とは生物そのものについての概念ではなく、人間との関係からみた生物のある状態をいう概念である。また百科事典類にも「野生」の語はない。心理学などでの「野生児」の語が見出し語としてあるが、野生児に対する英語は wild man ではなく feral man であり、feral には wild の意味もあるが、とくに飼養したものが野生化した場合をいう。『生態学辞典』[3―4]では「野生」はなく、「野生個体群」があり、野生種（wild species）は、**〈自生種（native species）を見よ〉**となっている。自生種は、ある地域の植生を古来構成していた種。広義には、ある地域に人間に保存されずに繁殖し生活を続けている生物。野生種 wild species、在来種ともいう。「自生的」という語に対しては、原因や由来が個体、群集、地域などの内部にあることとなっている。これも景観の差異からではなく、人間の影響の有無に視点を当てたものである。これとは別に、「自然に」を省略して、「山野に生息している」としている辞書もある。これは景観にのみ焦点を当てた見方である。

野生植物図鑑などにみられる野生はこれらとはちがう。栽培植物以外の植物を野生植物としている。図鑑には、セイヨウタンポポやオオイヌノフグリなどの帰化植物もふくまれている。[3—5] これによれば、田畑の植物であっても、雑草も野生植物にふくまれる。佐渡で放鳥されたトキを「野生鳥」とすると、この植物図鑑の野生と同じであるが、他の野生観からみれば、野生動物とはいうことはできない。トキは、休息、繁殖活動の時には森林が主な行動場所であるから野生動物といえるが、採食場所は水田や池であるから、この時は野生動物ではなくなる。また水田、畑、池、里山はすべて人間によってつくられたものであるから、「自然に」生息しているわけではなく、自然に生み出されたものでもなく、自生種でもない。

二 「野生」という語の初め ——『改正増補和英語林集成』

『日本国語大辞典』[3—6]によれば、「野生」という語が日本の書物にはじめて現われたのは、『改正増補和英語林集成』第三版のようで、[3—7]一八八六（明治一九）年のことである。ローマ字と明治学院の創設者であるヘボンが編纂したもので、初版は日本最初の和英辞典であることを、明治学院大学のホームページは述べている。

語の見出しは〈YASEI、ヤセイ〉（野生）となっていて、〈Growing wild, —also used in speaking humbly of one, self=I〉となっていた。ちなみに、慶応三年の一八六七年に刊行された初版本には、growing wild はない。〈A humble word used in speaking of one, self=I〉とあり、その意味は、日本語でいえば、「小生」あるいは「拙者」に相当するから、ここでは取り上げないことにする。growing wild は、wild をどう定義しているかがわからないと明らかにできないので、対になって出版されていた『英和語林集成』第三版（同じくヘボンによる）にある wild から、その意味を調べた。〈No; arai; kurū〉とあった（これは、初版のものと変わらない）。初版で例として上げられていた〈wild horse〉は〈no, ma〉（野馬）、〈wild dog〉は〈no—inu〉（野犬）、〈wild flower〉は〈no—bana〉（野花）となっており、〈growing wild〉は〈jinen—baye〉（自然生え）とあった（括弧内は筆者の解釈）。ここでいう〈no〉とは「野」であり、〈arai〉は「荒い」、〈kuru〉は「狂う」と解釈した。初版の『和英語林集成』の「No、ノ、野」を調べたら、〈A wild, uncultivated level region, a moor, prairie, desert, wilds〉となっていた。これらから考えると、野は荒れた地域を表わす語であるが、また人間によらず、自然に生えたということを意味している。また例示の犬や馬などから判断すると、人間の手から離れた、人間世界とは別の世界に生息すると理解することができる。

現在の日本の英和辞典で wild の和訳の例をみると、〈一（草木・鳥獣など）野生の、飼いならしていない、二（土地など）自然のままの、荒涼とした、人のすまない、三　野蛮な、未開の、野育ちの、礼儀をわきまえない、四　乱暴な、むてっぽうな、わがままほうだいな、五（天候など）荒れた、六　狂気の、気が狂いそうな、七　とほうもない、とっぴな、見当違い〉とあった[3-8]（数字は漢数字にかえた）。これは、英米で出版された英語辞典を参考として編まれたと思われるが、山野のような特定の景観を表わしたものはない。生物または場所の人為の及び方からの定義とみることができる。このことは、二〇〇一年に Oxford University Press から刊行された The New Pocket Oxford Dictionary（POD）についてもいえることである。〈1（of animals or plants) living or growing in the natural environment〉（動物または植物の）〝自然な環境に生活している、または生育している〟であり、〈2（of peoples) not civilized〉は（人々の）野蛮な、〈3（of scenery or a region) barren or uninhabited〉は（景観または場所の）荒れた、または人の住んでいない、〈4 uncontrolled〉は 野放しの、〈5 not based on reason or evidences:〉はでたらめななどとある。

◆「野生」概念にみられる矛盾

野生という語は、字義的には「野に生息する」となる。それは動植物の生息している場所の景観から特定したものである。しかし、それだけでは、野生という概念を十分に表わした語とはいえないと判断したためか、多くの、日本の日本語辞典の「野生」では、「自然に」をつけ加えてある。〝野山という景観のなかにいる自然な「状態」にある動植物〟と解釈することができる。この定義から幾つか疑問が生まれてくる。一つは、山野には自然に生息している動植物のほかにそうでないものがいるということである。そのうち、自然に生息しているものを野生生物といっていることになる。

もう一つ、具体的な問題を提示したい。それは、植物誌の分野にみられる「人里植物」という考え方である。この考え方は、植物を栽培植物と野生植物に二分することができず、栽培植物とも山野に生息している植物ともちがうものがいるという判断から生まれたものとみることができる。これは道端、空き地などに生息している植物のことである。これによって、すべての植物は、栽培植物、人里植物、野生植物の三つに分類できるという考え方から生まれたものではないか。そして事実これ以外の植物はない。

◆ wild と野生とはちがう

このように検討してみると、日本の日本語辞典にみられる「野生」と、英語の wild とは、基本的に異なる概念である、ということが明らかになった。日本の場合、白川以外は、景観のちがいに目を向けることが一つの視点になっている。「栽培植物」、「野生植物」のほかに、植物が生息している場所の景観に着目した「人里植物」という概念を加えているのもその証拠となる。

歴史的にみて、野生という語と概念は、『和英語林集成』第三版で、英語の wild をもとにして生まれたとすれば、その時の意味は「人間の影響を受けていない状態にある」であった。そして、今日の日本の多くの日本語の辞典で表わされているものは、それから変質したとみたい。その分岐点にあったのは、ヘボンの『英和語林集成』の wild を no（ノ、野）と日本語に訳したところにあったとみることができる。ある時点から、「no」という語に、「自然に」と景観上の「野」の両義を付託するようになったことに理由があるのではないか。そこから字義に根拠をおいて、景観重視の定義へ移ったのではないか。

日本の山野は、景観としては特定できるが、人為を受けたものであるかどうかについては明確ではない。山野には、人間の影響を受け人間に管理されているものとされていないものがある。前者は里山、後者は奥山と、民俗学は区別している。同じように、田畑の植物といった場合にも、作物のような、人間がその生育を助けているものと、雑草のように排除するものというように対極にあるものが共存している。里山も、スギ、ヒノキ、クヌギ、サワラのように管理して保護しているものと除去するものと放置するものが共存している。公園や道端の植物も、人間が助けているものと排除しているものと、放置しているものがある。

三　原生世界と野生世界

◆原生世界

「野生」という概念を検討する上で、「原生世界（自然）」とどうちがうか、どのような関係にあるかということを明確にすることは欠くことができない。原生世界はすでに一章で述べてあるが、「人間がなんの影響も及ぼしていない」自然という意味でもあり、これに対する概念は、人間行為の影響が及んでいる自然という意味の「人為世界」ということになる。

人間が出現する以前は、すべては原生世界であった。人間が出現して採集狩猟生活をするようになって、その生活域周辺は、人間行為の影響を受けることになり、人為世界が出現した。この人為世界は、人間世界ではなく野生世界であった。人間が、その生活上の必要から、食糧を得たり、道具製作のための原材料を得たりして、自然を改変したが、そのことによる影響は全体としては軽微であり、自然の自己回復力によって復元し、滅びることはなく存続した（一説によれば、採集狩猟時代の末期においては、マンモスなどの大型哺乳動物の滅亡は、気候など環境条件の変化だけでなく、人間行為も原因とのことである）。採集狩猟時代は野生世界の中での生活であり、原生世界と野生世界の時代となった。

採集狩猟時代の人間は、他の動物同様、それぞれの地域に成立していた野生生態系の一員として生活していた。他の生物からみると、人間は、直立姿勢二足歩行し、中型植物食哺乳動物を倒すことのできる自然力を発揮し、狩猟と植物採集の両方を行なっていたという点では奇妙な動物ではあったが、自分たちを滅ぼすような特別に恐ろしい動物ではなかった。(3―9)人間もほかの動植物も、殺し殺されながら影響を相互に及ぼしていたが、それぞれの生物種は滅びることなく、その相互関係も崩されることなく維持存続していた。人間を特別に他の生物と分け隔ててみるという時代ではなかった。人間もほかの生物も相互にかかわりをもちながら、それぞれの理に則して、ともに生存しているという状態を「共生」と言うならば、この時代こそ「共生」の時代であった。

今から一万数千年前に、農耕という食糧獲得方法が生まれ、間もなく農耕生活が広まり、耕地などをつくるために、原生世界と野生世界の一部は破壊されて、人間世界が生まれた。焼畑農業を例にするならば、焼き払い耕地として利用した後利用不能になると放置する。植生の遷移が進行して耕作可能になると、ふたたび火入れをして耕作を再開する。放置した後は自然の自己回復によって耕地可能な状態に戻るが、それは、焼き払い前にあった原生または野生の世界に戻るまで復元されることなく、その前にふたたび焼畑化されていたから、焼畑農業においても、自然は自立的な世界といえるものではなかった。農耕時代になって、原生世界、野生世界、人間世界の三つに分かれた。そして今は原生世界は失われた。採取狩猟とは、野生世界の一員として、そこに依存することであったが、農耕とは、田畑という生物の生活の基盤となる環境を生み出すために、こうした「共生」の野生自然を破壊し、再生不可能なほどに手を加えるということである。

農耕時代に入って、他の生物にとって人間は恐怖の存在となった。(3―10)採集狩猟民を除けば、人間と自然との間には、もはや「共生」はみられなくなった。

表3―1　生物と人間の関係

a　生物の立場からみる

A	人為の影響に関係なく自立的に存続できる	A1	人為の影響がまったくない生物世界	原生世界
		A2	人為の影響を受けているが、軽微であることによって自立的に存続できる	野生世界
a	人為の影響や助成によって存続している			人間世界

b　人間の立場からみる

B	人為の影響がまったくない			原生世界
b	人為の影響がある	b1	人為の影響を受けているが、軽微であることによって自立的に存続できる	野生世界
		b2	人為の影響や助成によって存続している	人間世界

◆人間の影響のしかた

こうした人間の行為による改変を、人間の側からではなく、はたらきかけを受けたものの側から考えるとどういうことになるのだろうか。

自然は、人間がどのような目的で自然に影響を与えたかということは感知できないし、問題ではない。生きもの自体には、野生世界か農村か都市かの区別はない。自然環境か社会環境かも、生きものは区別しない。自然にとって問題なのは、どれだけ変えられるのか、どのように変えられるのかである。草原の草にとっては、レイヨウ類が食べるのと人間が草刈をするのとはあまり大きなちがいはない。しかし、レイヨウ類が葉先だけ食べているのと、サバンナヒヒが根こそぎ抜いて食べるのとでは大きくちがってくる。葉先だけ食べられていれば、根ぎわの茎が大きな損傷を受けることなく再生が可能である。しかし、根こそぎとられたのでは回復する手立てがなくなる。

生物にとってもっとも基本的な問題は、人為の影響を受けることによって、それ以後維持存続が可能かどうかである。回復することができるかできないかである。個体が傷病を負った場合になおるかどうか、種を構成している個体が死んで個体数が減少した場合、繁殖によって数が増し回復できるかどうか、そうした異変によって生態系にゆがみが出た場合に、修復可能かどうかが問題である。回復に長い期間を要するか、短期間で可能かということもある。しかも人間の助けを借りることなく、自然自体の力で可能かどうかが問題である。それぞれの生きもののもっている自己増殖性・自己保全性が問題となる。このような考え方で、野生がどのような世界であるかを明らかにしてみた（表3―1）。

表3―1は、人間の生物世界に対するはたらきかけによる影響を、生物世界の立場から、つまり人間の影響が生物世界の存続にとってどういう意味をもっているかという視点（表3―1a）と、人間の立場からみたもの、すなわち人間が自分のはたらきかけがどう影響しているかという視点（表3―1b）とに分けてみたものである。生物の立場からすれば、人間の影響があろうとなかろうと自立的に存続できるかどうかがもっとも重要な問題である。それに対して、人間の立場からみれば、地球上に自分たちがかかわりをもっていない世界があるかどうかがもっとも重要な問題である。

四　生物多様性保全の方法が見えてきた

野生生物は自立的生物であるから、「自生生物」と言い換えることができる。その存続の方法は、自立的維持存続を妨げる人為を排除することである。可能な限り人為の影響を小さくすることが野生生物保全の唯一の方法である。したがって、野生保全の方法は、具体的には人間と人間との関係、野生生物に重大な損傷を与える者とそれを防ぐ者という社会的な問題である。それに対して、人間世界は、栽培植物と飼育動物、培養菌類・細菌類をあわせて「培育生物」と呼ぶならば、その保全の方法としては、野生生物とはちがい、その生存のための援助が必要になる。

このほかに、雑草など培育生物に随伴して生存する生物がいる。これを「随伴生物」と呼ぶことにする。それは、人間が環境の目的どおりの改変、管理をしながらも、それが不十分で徹底しない時、放置した時に生存できる。しかし、完全に放置すれば野生生物世界に向って変化していって消滅する。生物多様性保全から考えれば、人間の管理下におきながら、それぞれの生物の生態的地位に対応して、環境の管理の程度をゆるめること以外方法はない。しかし、そうした随伴生物保全のために管理すれば、それは培育生物に転化することになる。かりに伝統的農法による農耕生活にとって適した農村環境が生物多様性保全にとって優れた方法であるとするならば、伝統的農法により農業を進めることがその方法となる。そこに生息する多様な生物を保全するために人為を傾けることは決してしてはならない。それでは人為淘汰となる。人為淘汰を必要とするのは作物など有用生物の保全に限るべきである。

五　野生世界保全の意義と生物多様性保全

野生生物がどのようなものであるか、その姿が明瞭になってくると、その保全方法の基本だけでなく、保全の意義についてもおのずから明らかになってくる。その一つは、人間を支える基本的な条件である環境としての生態系が欠くことのできないものであるということである。都市世界と農村世界だけでは、人間存在は難しいということである。

第二に、野生世界とは、自分たち人間なしでも存続できる、異なる世界であるから、自分たち人間の知恵では生み出すことのできないものを、自然の理において生み出す世界であるということである。そのことによって資源調達の場であるとともに、あらたな有用な物質や生物を創り出すきっかけや参考となることを与えてくれる世界でもある。

それだけでなく第三に、自分たち人間の営みを見極める鏡、対照としての意味がある。野生世界は人間の手を必要としない世界であり、人間の介入を拒む世界である。農村や都市は、自然を基盤として人間の意志と、自然の理に基づく自然力によって造り出されたものであり、野生世界も人間世界も、自然の理において存在している。人間は自然性と社会性によって独特の存在のしかたをしているが、人間がどのような自然力を発揮しているかということをみることができる。いわば、人間存在の対照である。

このことから野生世界の保全の方法について重要なことが明確になる。それは、人間の手が一切及ばないことが理想的なものである（原生世界となる）。しかし、そうした世界がどのようなものかを知るためには、そこに踏み込み、時にはそこにあるものを採取し、生活している動植物を捕え、それに意図的にはたらきかけて改変し、改変の結果から野生世界とはいかなる世界かを認識するという行為が必須である。ここには保全の方法上の矛盾がみられる。この矛盾は、野生生物の経済的価値ともいえる資源提供という点でも同じようにみることができる。資源として利用する限り、野生世界からそれを採取しなければならない。しかし、そのことは野生世界としての性質が劣化し、資源供給源としての質が低下することになる。それが激化してついには再生不能に陥れば、野生世界は崩壊し、資源供給源としての役割も失われることになる（それゆえ、一方で、野生世界の資源となる生物、物質に頼ることなく、人為的世界の中で代替物をつくり出したり、人工的に合成したりすることが必要となる）。

野生世界は、また未知の部分を多くふくんでいるという点で重要な世界である。それは、経済的にも精神的にも人間がゆたかになっていく上での源泉である。未知のものは、人間の認知能力が増すと、それを知ることができる。そのことが認知能力をさらに高めることになる。資源的価値も同様である。人間の側の技術が向上すれば、これまで価値の低い、あるいはないものと判断されていたものが重要な経済的価値を内在していることが明らかになるという相互作用的関係がしばしばみられる。

こうした相互作用的関係から考えると、野生世界の保全は、現在の、あるいは子や孫など次の世代というような近い将来のための価値だけでなく、遠い将来に向けて、人類史的な、あるいは自然史的な視点から見る必要性を感じる。人類の出現とその後の歴史を、自然史の一環として重要な意味を認めることである。

◆他者認識と他者意識

人間の出現によって、自然はそれ自体を知ることができるようになったという人間のとらえかたは、宇宙学の小尾信彌が述べていることであるが(3―11)、こうしたことが可能になったのは、人間が自分とは別のものをそのものとしてとらえる「他者認識」ができるようになったからである。人間以外の生物は、まわりの世界を、すべて自分、あるいは自分の生存にとっての意味を感知するという角度でとらえている。人間もそうしたとらえかたが中核となっているが、人間は、それとは別の「科学的視点」ともいえる(3―12)、こうした他者認識の方法をもっている。しかも、その二つの視点からとらえたものの相互関係をとらえる視点をももっている。人間は自然に意図的にはたらきかけて改変して利用している動物であるといわれるが、その意図しているもののなかには、作り変えたものをどのように利用するかという人間の立場からの意図と、どのようにはたらきかければ目的に沿って改変できるかという、はたらきかけの対象である自然の理に則した視点からの意図が結合したものである。はたらきかけの結果は自然の理に則して成功し、自然の理に則して失敗する。こうした見方によって「他者認識」が実現でき、その集積として自然全体をそのものとしてとらえることを実現させた。

　人間には、重要な価値観がそなわっている。そうした「他者認識」によってとらえた自分とは異なるものを、自分の立場からではなく、そのものの立場に立って、その理に則して存続することを認容する価値観である。野生保全にはそうした側面がある。野生生物自体にとってその保全は重要であるとする見方である。手助けも防御もすることなく、それに対して何もしないことによってそのものの維持存続を保証するというものである。これを「他者意識」による行為と呼ぶことにする。これは、人間の生物世界との共存の大事な一つである。人間にとってその存在が有益かどうかを問うことなく、支援や補助を一切することなく、そのものの理に則して存続させることによって、そのものと共存するというものである。もう一つの共存の原理は、相互扶助である。たがいに濃密に関係しあいながら、助け合いながら共存するというもので、「共生」とも言われている共存のしかたである。農耕時代に転換して以来、人間と生物世界との間にはこうした「共生」の関係はない。「共生」は、現在においては、一部の採集狩猟生活者と野生世界との間にしかみられない。農耕生活における人間と生物世界との関係は、人間の立場からすれば、良質な関係であるが、これを「共生」とみるわけにはいかない。農耕世界は、放置すれば野生生物世界かそれに近いものに戻る。つねに人間の意志によってはたらきかけて農耕世界でありつづけるように管理し、その範囲内で生物の生存を認めているものである。もし農耕世界に生活している生物たちをその理にまかせれば、植生の遷移を基盤とする生態系の遷移が進行して、農耕世界に生活している生物は代替環境を失って死滅し、他の生物、生態系に置き換わることになる。

野生生物の保全は、人類がその滅亡後の生物世界をどうするかという問いに対する一つの答えである。人類は、これからさらにどれだけの長さ、生存できるかは不明であるが、ただ一種の動物の持続できる可能性はそれほど長くはないはずである。他者認識ができるようになったのだから、人類が滅んで後の地球、生物世界の将来も考えねばならない。何よりも三八億年前に出現して以来、生物の進化的な歴史が絶えることなく持続してきたことを、さらに未来につなげていくことを生物世界の一員として考えねばならない。

現在みられる野生生物世界こそ三八億年前から自然史的に発展してきたものの現在の姿であり、人類滅亡後も引き継がねばならないものである。自然保護が、人間にとっての有用性からだけでなく、自然そのものの立場に立って保護することが野生保全である。

人間は、出現もその後の今日までの発展も、自然史の一コマである。意識があり、不完全ながら将来を見通す可能性がみられ、その見通しを基礎に意図的に存在していくものとして、他者をそのものとしてとらえることのできるものとしてきた。その人間は、すべてを人間世界に変えることなく、三八億年前からつづいてきた世界を、自分たちのの時代になって消滅させて後代に向けてのつながりを断ち切ってはならないし、歪めてはならない。これこそ野生保全、自然保護の重要な面として確認する必要がある。

◆生物多様性保全と野生生物保全

生物多様性保全と野生生物保全とは密接な関係にある。野生生物保全を中心としない生物多様性保全は、真の生物多様性保全にあたらないし、生物多様性保全を組み込まない野生生物保全はありえない。しかし、生物多様性保全は、野生生物保全に限るわけにはいかない。人間が創り出した農村や都市における生物世界も、あるいは家畜や作物など培育生物の保全をも組み込まなければならない。そうした人間世界も、地球上の自然史的発展のなかで、適応放散の一分岐として生まれたものである。

生物多様性は生物進化の過程で生まれ、発展してきた。そして、これからの生物世界の進化的発展の基礎である。あらたな適応放散とその結果としての生物多様性の発展の出発点である。

第二部　環境教育の独自性を明らかにする

ここで、環境教育をめぐる教育論を試みる。四つの章で構成し、いずれも環境教育と内容が重なる教育について、環境教育とのちがいと関係について検討する。最初の第四章は、自然学習指導に関するもので、日本自然保護協会の「自然観察」、「理科と自然学習」、「自然学習と自然科学学習」、「ベイリの自然学習」についての検討のあと、自然学習の指導のあり方について考察する。

つぎの第五章の農業学習に関する章は、農業が、人間の環境との関係の一つの重要なかたちであるから、環境教育にとって重要な課題となる。実際に環境教育の名で、作物栽培学習の指導がされている。しかし、そのほとんどは農業教育にはなっていない。農業教育とはいかなるものかを明らかにする。

第六章で検討するEducation for Sustainable Development（以下ESDと略称）は、環境教育をのみ込んで、環境教育の存在を危うくしているもので、これまで環境教育を領域としていた研究者の中には、このほうへ研究領域を移している人もいる。環境教育は、今最大の危機にある。ここで、問題になることは、ESDが教育の一つの分科として成立するのだろうかということである。ここでの検討は、ほとんど、Sustainable Developmentをどうとらえるかということに終始する。その後、教育にとってのSustainable Developmentの意味を問う。

第七章では、環境教育と密接な関係にある「地域教育」について検討する。いくつかの実践の分析をもとに、地域教育が何を目指すのか、環境教育とどのような関係にあるかについて論じた。

四章　環境学習と自然学習

自然学習が環境学習にとって重要な意味をもっていることは、だれも否定しないであろう。そのためか環境教育の名のもとに、自然学習が指導されているということがしばしばみられ、またそのことに対する異論をみない。しかし、環境学習と自然学習とは互いに強い関係にありながら、別のものである。混同は自然学習だけでなく環境学習をも損なうおそれがある。そこで、学習指導論の視点から、この二つのものは別の学習活動であると区別しながら、その相互関係を明確にする検討をしたい。

一　日本自然保護協会の自然観察運動の検討から

はじめに、自然保護の実践と普及に大きな成果を収めてきた日本自然保護協会が進めている自然観察と自然保護教育との関係について、その編集による『自然観察ハンドブック』初版(4−1)（以下「ハンドブック」

と略称する）でみることにする。「ハンドブック」は、その「一　自然観察運動」の最初に〈本事業は自然保護教育の推進を自然観察を通じて行なおうとするもの〉と述べている。日本自然保護協会の「自然観察」は単なる自然観察ではなく、自然保護教育のための手段に位置づけられている。

「ハンドブック」は、総論にあたる「自然観察とは」で、〈自然観察というのは自然保護教育の野外での学習形態だと考えてよい〉とも述べている。

◆自然観察の具体的な目標

「ハンドブック」は、自然観察の目標を、その「まえがき」につぎのように明記している。〈自然保護を実践するためには、一つには、〝自然のしくみ〟と〝自然と人間のかかわりあい〟を知ることがその根底となり、もう一つは、なによりも自然を大切にしようという立場にたった価値観をもつようになることが必要である〉。また、〈自然観察を行ない、その醍醐味をあじわい、そうしたなかで自然のしくみを知り、自然と人間のかかわりあいを見直し、自然保護への使命感に燃えるにいたっていただきたい〉とも述べ、「自然観察」指導が自然保護学習指導の手段であることを、具体的に示している。さらに、〈何かを発見する。それがたとえ、その人個人にとってささやかなものであっても、そこには心の喜びというものがあるはずである。このとき、その人は自然があってよかったと思う。自然観察というのは素朴に考えれば、個人のレベルでは、このような発見の喜びを求めておこなわれる。（中略）自然観察の目的の第一段階は、自然に関心をもつすべての人々を、自然観察の好きな個人として創り変えることにあるということができよう。それは自然を守る第一歩である〉と、目標を明記している。自然観察を通じて、自然についての何かを感じる、発見することは、おのずから自然保護思想をもつことにつながるというのが、日本自然保護協会の自然観察観であることがわかる。〈自然に親しむこと、自然を知ること、自然を守ることが自然観察の三つの要素ということになる〉としている。また同じところで、自然保護教育の目的を〈自然が大好きで（情熱）、自然のしくみをよく知っている（知識）、人間が自然に対してどうすべきか（価値観）をわきまえた人間を育てることである〉と示し、これがそのいいかえであるとも言っている。この「ハンドブック」の記述から判断すれば、自然観察は、自然保護学習の具体的な形態である。

字義的にいえば、自然観察の「観察」という人間の行為は、〈物事をよく注意してくわしく見きわめることである〉(4—2)というのが通常の解釈である。親しむことも守ることも意味しない。したがって、「ハンドブック」が自然観察の目的・目標として示したものは、日本自然保護協会独自の「自然観察」観といえる。そして、自然観察によって「どんな人間をつくるか」について、つぎの五つを示し、指導の目標をより具体的にしている。

①書物をとおしてではなく、自然の事物からものを語る人間をつくりたい
②ささやかな自然であっても、その自然の存在と共感しあえる人間をつくりたい
③自然のなかで何が美しく何が醜いかという、価値基準をはっきりもった人間をつくりたい
④自分の自然をもつ人間をつくりたい
⑤自分が自然から得たものを他の人に伝え、自然を大切にしたい気持ちを広げていく人間をつくりたい

◆自然観察の方法

「ハンドブック」は、その自然保護学習の目標に到達するために必要な自然観察の方法として、見ようと思って見る。じっと見ることを上げている。また〈同じものを見ていても、それを見る人の心のありようによって異なり、他の人がみえるものがみえないこと、その人が今までみてきた見方、生きてきた生き方、自分の所属している社会を通して、そうした社会の文化のフィルターを通してみることになり、そのことによって見えるはずのものが見えない、あるいは他の人が見えないものを見える〉と言い、〈そのことを前提としておさえたうえで、なお、ある見方で見ていこうとするのが「自然観察」というものだろうと思っている〉とし、つづいて自然観察がなぜ自然保護教育に効果があるのかについて、次のような見方を示している。

〈観察ということは、相手をありのままに見るというところから出発するといわれている。（中略）固定観念を捨てなければならない。（中略）目に映ったものを定着させてみようという心のもちかたも大切なのではないか。ありのままに見るということは事実を大切にするということだろう。（中略）相手が何であってもはじめて見る気持ちで見るということだろう。（中略）しかも、たんに眺めているだけではなく、見ようと思って見る―じっと見るということが必要とされるだろう。じっと見ることによって、ただたんに眺めていたときには見えなかった物が見えてくるという経験をすることができるはずである。これが「わかる」ということで、ことばを変えていえば「発見」ということだろう〉。

この「ありのままに見る」「じっと見る」は、方法上の基本方針であるばかりでなく、すでに紹介した、目標の第一にある〈**書物をとおしてではなく、自然の事物からものを語る人間をつくりたい**〉と強いつながりをもっている。この方法と目標をつなげると、こうした考え方は、当時までの日本の学校教育に対する強烈な不信感を基礎にしているように思える。のちにふれることになるが、当時日本の教育界では、中学高校の理科教育だけの科学の教育を重視したために、かえって子どもの理科嫌い、科学離れを激増させていた。当時は具体的な事物、自然へのはたらきかけ、ふれあいから離れて、教科書に書かれている形式化された科学の方法を学ぶように指導され、教科書に書かれていることを、真の知識や考え方と結びつかない言葉の上だけで、しかも記憶するという指導の仕方をしていた。それに対する痛烈な批判から生まれたものと考えられる。「ハンドブック」は、〈**固定観念はすてなければいけない**〉につづいて、〈**ことばがないとなかなか見えないのだが、日本語だけで眺めないで見てみよう。ことばにあまりこだわらずに**〉とつけ加えている。

このような日本自然保護協会の自然観察指導観は、そのまま受け取れば、書物を通じて学ぶことを否定しているようにみえるが、実際はそうではない。「ハンドブック」全体を貫く学び方・指導のしかたでは、書物に依拠することを重視している。具体的な目標の①の真意は、書物だけに頼るなということである。自然観察の具体的な方法については、「自然観察の技術と方法」や「自然観察のテーマとその展開」、「自然のなかの安全とマナー」などについて細かく解説されており、それは、生態学や地学などの成果や方法を積極的にとり入れているし、必要に応じて参考にすべき書物を紹介している。また各所で日本や欧米の科学者、作家、評論家などのことばを引用しながら説いている。

いうまでもなく、書物をとおして、また人々の言動から学ぶということを拒否したら、自然保護につながる観察も学習も不可能である。直接かかわる事物を通じて学ぶだけであるならば、それは体験主義と身の回り主義の指導に陥ることになる。そうであるならば、そもそも「ハンドブック」を作成することと自体がそれと相反することであり、自己矛盾の中にあるというほかない。当時にあって、「直接事物から学ぶ」、「固定観念から解放されてあるがままを見る」ということは、子どもたちにとってもっとも重要なことであるという考え方を、こういう述べかたをして表現したと解釈するほかない。

自然観察の自然保護思想形成へ向けての第二段階として〈人と自然のかかわりにおいて生じた矛盾をするどく見出す目を育てたい〉と、さらに〈自然観察は人と自然のつながりを見る目を養い、人間の生活を守る基礎づくりをするものでなければならない。自然観察を個人個人の趣味の段階を越えて、自然を大切にする――本当の意味で人間を大切にする力となるためには、一人一人が自らの生き方を変え、考え方を変えながら、自然を見る作業を重ねていかねばならない〉としている。ここでは、ありのままを見るという「自然観察」から、自然保護を強く意識化させた「自然保護的自然観察」へと転換させている。

自然観察を自然保護教育の野外での学習形態とするならば、こうした「方向づけ」は当然のことである。自然保護の思想は個人的な「ありのままを見る」だけではできない。開発を自然破壊としてとらえるようになったことも、人間の将来に対する危機感も、自然保護の思想も、個人のレベルでの「自然をそのままみる」ことで生まれてきたものではなく、人間の自然との関係についての長い歴史のなかで形成されたものである。まえがきで言っている、自然保護を実践するために必要な、〝自然のしくみ〟と〝自然と人間のかかわりあい〟を知ることも、自然を大切にしようという立場にたった価値観をもつようになることも、単なる「自然観察」からだけでは不可能である。単なる自然観察と、自然保護学習の一環としての自然観察とでは、方法の上でもおのずから異なるものとなる。「ハンドブック」は、注目すべき三つの視点を提示している。まず〈自宅のまわりで〉、〈その土地の自然〉、あるいは〈その土地の人々によって大切にされていくべき〉土地の自然に観察の起点をおくことである。またこのこととの関係で、自分たちの地域の自然の特性をとらえるために、対照とする他の地域の自然を見、それとの比較、関係で自分たちの地域の自然を見るという視点をこれに加えている。さらにさまざまな地域の特色をとらえながら全体としての多様性を見るということも結合させている。これが第一の視点である。

第二の視点は、地域における自然を都市の自然、農山漁村の自然、原始的な自然に分類し、地域の自然がその中のどれに位置しているかを明確にすることである。

これに加えて、自然を地学的自然、生物的自然、人文的自然という分類からの視点によって観察し、個々の自然の位置を明確にするという視点が三番目としてある。それは自然観察とその指導の何をどのような順序でどう進めていくかという、自然観察カリキュラム編成の基礎となるものである。

このような三つの視点から自然観察を位置づけていることは、まえがきにある「自然保護を実践するため」の根底となっている、〝自然のしくみ〟と〝自然と人間のかかわりあい〟を知ることとかたく結びついているとみることができる。それは、「ありのままを見る」「じっと見る」のつぎの節目となる〈人と自然のかかわりにおいて生じた矛盾をするどく見出す目を育て〉る基盤であり、さらにつぎのものとしての〈人と自然のつながりを見る目を養い、人間の生活を守る〉基礎になるものである。

それにもかかわらず「自然保護観察」としないで、「自然観察」としたのはなぜか、疑問が残る。またそこに一つの矛盾が発生する。それは、自然観察に関心をもっている者の中には、自然観察会という名称にとらわれて、目的とした自然保護者になることには期待をもたず、その自然観察とその指導方法の実際に興味、関心、期待を寄せて参加する者が出てくる可能性があるし、そのことによって自然観察の中の自然保護に関する指導を受けることを避ける人が、出てくる可能性もあるということである。逆に、自然観察とは自然保護観察であると誤解する人も出てくるであろう。このことについては、重要な消息が小川によって紹介されている(4―3)。

二　理科と自然学習

つぎに、学校教育の中では自然学習の指導にもっとも近い位置にある理科について検討してみたい。

◆理科の誕生

明治維新後、自然学習の指導は、民間の学校におけるものを除けば、一八七二(明治五)年に発布された文部省布達第一三号「学制」に始まる。「学制」の第二七章は、下等尋常小学教科として、「地学大意」、「理学大意(窮理学大意)」が設置され、上等尋常小学の教科としては「博物学大意」、「化学大意」、「生理学大意」などが用意されていた。また同じ一八七二年に文部省により制定された「小学教則」にある科目「理学輪読」は、三、四年生の後期で福沢諭吉の『窮理図解』を児童に渡し、講述させると指示している。また五年生の前期では『博物新編和解』や小幡篤次郎による『博物新編補遺』などを子どもに独見、輪読させ、教師によりあるいは器械を使ってその説明を実にすると指示している。

しかし、これは、一八八六（明治一九）年の学制改革によって大きく変えられた。一八八六（明治一九）年に文部省令「小学校の学科及其程度」が布告された時に誕生した理科は、「小学校の学科及其程度」の第三条に〈高等小学校ノ学科ハ、修身・読書・作文・習字・算術・地理・歴史・理科・図画・唱歌・体操・裁縫（女児）トス〉とある。ここで理科が誕生した。高等小学校とは、現在の小学校五年からの四カ年をいい、尋常小学校はその前の四カ年であり、理科は教えられていなかった。その第九条に、理科では高等小学校で毎週二時（算術は六時、図画が二時）学ぶことがきめられており、第一〇条には、〈理科ハ果実・穀物・菜蔬・草木・人体・禽獣・虫魚・金銀銅鉄等、人生ニ最モ緊切ノ関係アルモノ、日・月・星・空気（中略）火山・地震（中略）燃焼・錆・腐敗（中略）噴水・音響（中略）時計・寒暖計（中略）等、日常児童ノ目撃シ得ル所ノモノ〉とある。また一八九一（明治二四）年に発せられた文部省令第一一号「小学校教則大綱」の第八条で〈理科ハ、通常ノ天然物及現象ノ観察ヲ精密ニシ、其相互及人生ニ対スル関係ノ大要ヲ理会セシメ、兼ネテ天然物ヲ愛スルノ心ヲ養フヲ以テ要旨トス。（中略）理科ヲ授クルニハ、実地ノ観察ニ基キ若クハ標本・模型・図画等ヲ示シ、又ハ簡単ナル試験ヲ施シ、明瞭ニ理会セシメンコトヲ要ス〉とある。

大きな変化とは、自然科学の主要な分野の成果を学ばせるという「自然諸科学の教育」から、「身の回り実物観察・実用、自然物愛好心育成の教育」への転換である。その転換によって、二つの点で改善がみられた。一つはそれ以前の自然についての学習が別々の科目に分かれていたのが、一つにまとめられたことである。第二は、学習の方法にみられた。それまでのものが自然科学のテキストを読み、教師の講義を受けるという形のものであったのに対して、実物、実地の観察を重視したことである。しかし、学ぶものが身辺のものに限られ、実用性に重点がおかれたことは、日常の生活の中で学びとることのできるものに限定したことになり、わざわざ学校で学ぶ必要のないものであった。そのことによって本来学校で学ばねばならない、日常生活の中では知ることのできない、子どもたちを直接取り巻いている日常世界をこえた広い世界、自然全体について学び、日常世界と全体世界をつないでとらえるということが不可能になった。このことは、「ハンドブック」が身辺の自然を重視しながらも、比較のための対照となる他地域の自然をとらえさせたり、自然の多様性を重視したりした考え方とは本質的に異なる。

なぜこのような転換が一八八六（明治一九）年をさかいにあったのか。それは、一八七二年の学制に基づく文明開化啓発の教育から忠君愛国富国強兵の教育への転換をめざしたからであった。明治天皇の側近であった元田永孚による「教学聖旨」の発表以来、天皇の名のもとに政府の学校教育への介入が公然とみられるようになり、一八九〇（明治二三）年の「教育勅語」発布により形ができてくる。その考え方が具体的にどのようなものであったかは、一八八五（明治一八）年ころといわれている、初代文部大臣であった森有礼が執筆した「学政要領」から知ることができる。その一部を要約して紹介すると、森は学問と教育を分け、教育のうちの初等教育は、わが国の臣民としての本分をわきまえ、倫理を行ない、各人が自己の福利を受けるために十分な訓練をするものである。それに対して学問は、深く事物の真理を究明する純正学と応用学に細分し、純正学は、人間社会や国家の永遠の福利を開発するような碩学や高等の教官のような人がおさめるものであり、応用学は実業家や官吏の資格を得る者がおさめるものであるとしている。これは徹底した差別教育の構想であった。

現在の理科の中に色濃く残っている。

◆戦後理科の始まり

こうした明治期に確立された理科の基本は、その後変わることなくアジア太平洋戦争後も受け継がれ、現在の理科の中に色濃く残っている。

子どもが自然全体に目を向け、その基本となること、法則性、個別的な特殊性をとらえ、全体としての多様性をとらえるには、自然科学の成果や方法を基礎にするほかない。しかし、それは、現在の中学校や高等学校の理科にみられるような、自然科学が明らかにした個々の事実や法則を断片的に、教科書に書かれたことを、そのとおりなぞるように学ぶことではなく、むしろ自然科学の成果と方法を、自然を知り理解するための手段に位置づけ、子どもが直接自然と向き合って学ぶという学習のしかたが必要である。このことは、理科ではいまだに実現されていない。

アジア・太平洋戦争後生まれた理科は、占領軍の指導のもとに改革に取り組んだ。その占領軍による教育の民主化の方針は、それまでの軍国主義によって抑圧されていた国民に大いに歓迎された。改革は小学校・中学校と高等学校ではちがっていた。小中学校理科は一言でいえば、生活単元問題解決学習といわれるもので、生活の科学化と自分から問題を解決する理科であった。これに対して高等学校の理科は、大学での学習、研究に対応した大学準備教育の傾向が色濃くみられたもので（大学受験指導ではない）、物理・化学・生物・地学の四科目から、少なくも一科目を選択して履修するというものであった。

一九四五（昭和二〇）年八月一五日に終戦を迎えて、政府はその翌九月に「科学教育局」を設置して、教育改革に着手した。一一月には、「科学教育振興懇談会」の第一回の会合がもたれ、翌一九四六年には、アメリカ合衆国の教育使節団によって「米国教育使節団報告書」が発表され、それを受けて文部省は「新教育方針」を発表した。一九四七年になる教育基本法と学校教育法が制定されて、戦後教育改革の基本が明確にされた。つづいて「学習指導要領・一般編」が発表され、すぐに理科編が出た。文部省は中学校理科教科書『私たちの科学』を発行した。

こうした政府による教育改革の動きとは別に、民間からも改革についての提言がいくつも出された。たとえば、一九四八年に科学思想史の研究者であった吉岡修一郎が雑誌『国民の科学』に論文「科学教育の失敗」を発表して、戦前・戦中の理科教育に対する反省と批判を述べた。また数学者の小倉金之助は、雑誌『評論』に「科学教育の民主化」という論文を発表している。また日本の教育改革に強い影響力をもっていた、エドミストンは『科学の教育』誌上に「科学の新教授法」という論文を発表した。これは学習指導要領の基本的な考え方を著わしたものであった。

文部省が発表した「新教育方針」をみると、〈ひはん的精神に欠け、権威にまう（盲）従しやすい国民にあっては、物事を道理に合わせて考える力、すなわち合理精神がとぼしく、したがって科学的なはたらきかけに弱い。日本人のうちには少数のすぐれた科学者があるが、国民一般としては科学の程度がまだ低い。（中略）このやう（よう）にして教育せられた国民は、竹やりをもって近代兵器に立ち向かはう（おう）としたり、門の柱にばくだんよけの護り札をはったり、神風による最後の勝利を信じていたりしたのです〉というように、戦前の教育をきびしく批判している。また学習指導要領理科編の指導目標はつぎのようなものだった。

〈すべての人が合理的な生活を営み、いっそうよい生活ができるように、児童・生徒の環境にある問題について次の三点を身につけるようにすること。
一）物ごとを科学的に見たり考えたり取り扱ったりする能力。
二）科学の原理と応用に関する知識。
三）真理を見出し進んで新しいものを作り出す態度。〉
また中学校で学ぶ理科の内容は、つぎの一八項目からなっていた。
〈第七学年（中学一年）
一　空気はどのようにはたらいているか
二　水はどのように大切か
三　火をどのように使ったらよいか
四　何をどれだけ食べたらよいか
五　草や木はどのように生きているか
六　動物は人とどのような関係にあるか
第八学年（中学二年）
一　きものは何から作るか
二　体はどのように働いているか
三　海をどのように利用しているか
四　土はどのようにしてできるか
五　地下の資源をどのように利用しているか

六　家はどんなふうに建てられるか
第九学年（中学三年）
一　星は日常生活にどんな関係があるか
二　機械を使うと仕事はどんなにはかどるか
三　電気はどのように役に立っているか
四　交通・通信機関はどれだけ生活を豊かにしているか
五　人と微生物とのたたかいはどんなになっているか
六　生活をどう改めたらよいか

このような理科を科学教育として進めようとした基礎には、科学に対する独自の考え方があった。一九四七（昭和二二）年に文部省が発表した学習指導要領理科編の「はじめのことば」の「科学とは何か」という項でつぎのように述べられている。

〈私たちは、自然の環境に起ったいろいろな現象について「なぜだろう」と思うことがよくある。これはこの現象を、自分たちの経験知識ではっきりと説明することができないからである。このような現象を研究して、これまで自然の持っていた経験知識とうまく調和がとれるように説明がつくと、その時にできた調和のとれている知識の体系が科学である〉

ここには、理科教育の目的と、その目的を決定するにあたって必要な生活と科学との考え方と具体的な指導内容との間に明確な対応関係がみられる。この場合の科学とは自然科学であったが、生活と自然という教育的課題はみられない。同じく「はじめのことば」の「科学教育の材料の分野」の項でつぎのように述べている。

〈この本（学習指導要領理科編のこと）は、国民一般の科学教育の材料を生活の環境から選び、それを次の五つの分野に分けている。⑴動物・人に関すること。⑵植物に関すること。⑶無生物環境に関すること。⑷機械道具に関すること。⑸保健に関すること〉

ここで大事なことは、科学教育の材料を「自然から選び」とはなっていないで、「生活の環境から選び」となっていることである。「すべての人が合理的な生活を営み、いっそうよい生活ができるように」が教育全体の目的であり、そこから理科の目的を決めるのに、生活と自然科学との関係から課題を明らかにし、それに対応して生活上人々がかかわるものを探し出すということから、上の⑴から⑸までの領域が考え出されたと思われる。

こうして決められた学習指導要領に基づいて教科書がつくられ、授業が始まると、さまざまな分野から、批判が出てきた。一九五〇（昭和二五）年に刊行された、矢川徳光の『新教育への批判、反コアカリキュラム』（刀江書房）は、理科だけでなく学習指導要領全体に対して批判した。つぎの一九五一年には、雑誌『新日本教育』五月号に記録が掲載された座談会「これからの理科教育」で、参加した教師から「生活単元問題解決学習は、科学の基本的なことと高度の内容が混在していて、学習を基礎からだんだん高次のものへと系統的に学ばせる配慮が欠けていることから、子どもたちにとってはわかりにくく、教師の立場から教えにくい」という意味の批判が出た。また同じ年の雑誌『教育技術』九月号に記録が掲載された座談会「日本の教育とその世界史的な位置と課題」で、主として教育学者から「生活単元学習は、現状順応型の教育であって、これからの日本の社会をかえていくというような将来展望を明確にするという点で必要な科学の基礎を学ぶというものにかえていく必要がある」という意見が出されている。

自然科学者、科学史の研究者からも、これでは科学の基礎を身につけるということは不可能であるという批判が出た。一九五三（昭和二八）年、生物学史研究者の真船和夫が雑誌『生物科学』で論文「中学校の理科と教科書」を発表し、そこで今の理科の教科書では自然科学を教えることができないと批判した。こうした批判の中で、一九五四（昭和二九）年に、「理科では自然科学を教えねばならない」という考え方をもった人たちを中心に「科学教育研究協議会」が生まれた。学習指導要領、教科書にとらわれることなく、自然科学の基礎を教えるという目的から、方法、教材についての研究を組織的に始めた。

◆戦後理科の大転換

一九六〇年代に入って、理科は大きく変わった。それは、教師や教育学者、あるいは自然科学の研究者の批判に対応してのことではなく、まったく別の理由からの大転換であった。一九五〇年に朝鮮半島で戦争が始まり、いわゆる戦争特需で日本経済が復興し、それが教育にまで波及し、教育の基本方針は、政治的経済的角度から再検討されることになった。それまでの、軍国主義への反省から国民の考えに根ざした民主的な教育を進めようとする方針から、経済優先、政治に支配される教育へと転換した。

一九五一（昭和二六）年には、「産業教育振興法」が制定され、サンフランシスコ平和条約締結後、一九五三（昭和二八）年に「中央教育審議会」が設置され、時局の変化に対応して教育の基本方針を検討するようになった。一九五五（昭和三〇）年には「理科教育振興法」が制定された。同じ年に「日米原子力協定」が結ばれ、「原子力基本法」が制定された。一九五六（昭和三一）年には科学技術庁が設置され、一九五七〔昭和三二〕年に中央教育審議会は、「科学技術教育の振興方策について」を答申した。そして、一九五八〔昭和三三〕年に学習指導要領が改定され、これまでの教育の基本方針が根本から変更されることになった。

学習指導要領は、それまでは試案であり、地域や学校、あるいは教師が教育計画を立てるにあたっての参考であったものから、試案の文字は抹消され官報で告示されて、そのとおりに教育しなければならない、その枠の中で教えねばならない法的拘束力をもつものに変更された。

こうして生まれた学習指導要領の理科編は、それまでの生活単元問題解決という人々の生活に役立つ理科から経済振興に役立つ科学技術を学ぶ理科へと変化した。その目標は、それ以前のものと同じように、生活や産業との関係、生活の合理化と自然保護を取り上げているが、それに優先して自然の事物・現象に関心をもち、真理を追究する態度の養成、方法・技能を高めることがとり上げられた。その内容の項目を中学校第一学年の場合について見ると、つぎのようである。

〈第一分野〉

(1)水と空気を中心として、固体・液体・気体の基本的な性質および化合物・単体、元素・原子などの概念について指導する。

(2)燃焼によって起る化学変化とその表わし方および熱によって温度上昇、熱膨張、状態の変化などが起ることを指導する。

第二分野

(1)生物は、環境の影響を受け、環境に適応し、また、相互につながりをもって生きていることについて指導する。
(2)生物にはいろいろの種類があり、それぞれ形態上の特徴をもっているが、すべてそのからだは細胞からできていることについて指導する。
(3)地表が水や空気などによって変化することや、地かくには地震や火山活動が起ったり、隆起・沈降、しゅう曲、断層などの現象がみられることを指導する。
(4)地かくを構成しているおもな岩石・鉱物の特徴や成因について指導する。〉

こうした傾向は、その後も現在まで続いている。この時代のことばであった「科学技術」に象徴されるように、本来別の社会的営みであるはずの、科学と技術を直結させ（強い関係にあることはいうまでもないが）、経済発展の手段としての性格を一層強め、それが教育にも反映されたものとなった。当時の政府は、一九五九（昭和三四）年に「科学技術会議」を設置し、政府による生産技術に直結した科学に関する政策の方向付けに関する諮問に答える制度を生み出し、以後一九九〇年代の「科学技術基本法」が制定されるまで、日本の科学と技術についての政策決定の重要な役割を果たすことになった。

一九六〇（昭和三五）年には、科学技術庁が「一〇年後を目標とする科学技術振興の方策について」を策定し、同じ年に経済審議会は「所得倍増計画」を発表した。翌一九六一年には戦後以来維持されてきた学制の変更を行ない、高等専門学校を設置した。また一九六三年には「経済発展における人的能力開発の課題と方策」を発表し、中央教育審議会は、これに対応して一九六六年に「後期中等教育の拡充整備について」を答申した。一九六八（昭和四三）年に改定された学習指導要領理科編は、科学・技術をもっとも重視するものとなった。それは、高等学校普通科においては、物理、化学、生物、地学の四科目を必修とし、実業関係の学校の生徒には、理科に多くの時間数をとることができないことから、「基礎理科」という四つの分野の内容を含む科目を設置して、それを必修させるという方針をとった。

これとは別に、もう一つ科学教育改革が一九六八年学習指導要領に強い影響を与えた。それは、「探究の過程」と言われている科学研究の方法、過程を重視する教育の普及である。一九六七年、旧ソ連が最初の人工衛星の打ち上げに成功して、アメリカは大きな衝撃を受けて、科学・技術とその教育に関する政策改革に取り組んだ。「探究の過程」の重視は、簡単にいえば科学的知識は新しい科学によって書き換えられていくから、知識を伝えるよりも科学における探究の方法、過程を教育において重視しなければならないという考え方を基礎にしている。この科学教育思想は、ことばの上の知識取得に偏重していた当時の日本の理科教育に大きな影響を与えた。こうして形式化した科学の探究の過程を学ぶという方針が指導要領の枠をこえて、教科書の中に取り入れられた。日本自然保護協会が編集した「自然ハンドブック」が刊行された頃の理科教育とはこうした傾向の強いもので、一方で厖大な文字の上の科学的知識の取得が義務付けられ、他方では役に立たない形式化した科学の方法を身に付けねばならないという状況の中で、多くの子ども、若者の理科嫌い、科学離れは改善されなかった。

このような状況の中で、文部省は、教育の新たな改革に着手する。それは、理科嫌い、科学離れを解消するためのものというより、新たに発生した経済的社会的問題に対処するためのものであった。一つは一九七三（昭和四八）年の第一次石油危機にともなうものであった。局地的な戦争・紛争が世界各地で発生しており、世界戦争にまで拡大する可能性は小さいものの、中東戦争のように長期化しているものがあり、重工業のような大量の物資、エネルギー源を必要とする産業では、その都度大きな打撃を受ける。そうしたことから、新たな技術革新を基礎にした経済改革に着手することになった。政府と財界の、一九七〇（昭和四五）年に発表した「新全国総合開発計画」や「新経済社会発展計画」のほかに、一九七二年の田中角栄による「日本列島改造論」が出た。そして、それに対応する教育改革が必要となった。

もう一つの問題は公害問題である。一九六〇年代に入って、四日市市などで深刻な問題となった、工場からの廃棄ガスに原因する大気汚染や、熊本県の水俣や新潟県の阿賀野川流域での水銀中毒、あるいは神通川流域のカドミウム中毒など、工場からの廃棄物が原因となって、日本各地でさまざまな公害問題が発生した。こうした公害問題は、とくに日本でひどいものであったが、環境問題は地球的規模で広がり、一九七二（昭和四七）年に、スウェーデンのストックホルムで開かれた国連の人間環境会議において「人間環境宣言」が発表され、環境問題の克服が人類共通の課題であることが国際的に共通理解されるようになった。

新たな技術革新に対して、政府は、理科を重視する方針を選択せず、少数の高いレベルの技術者、研究者の養成に力点をおき、他の大多数に対しては科学的能力の向上を要求しないという、全国民の立場からすれば、科学・技術教育が縮小する方向へと軌道変更策をとった。一九七七（昭和五二）年の学習指導要領改定以後、改定のたびに理科の授業時間数は減少した。理科のわかりにくさ、教えにくさは依然として解消されることなく、改善の兆しはみられていない。一方高等学校を中心にして、理科に関心がある少数の子とそうでない子を区別して、別の教科書を使い別の内容を学ぶという方針が強く出されるようになった。理科教育は、少数のエリート養成中心の教育へと傾斜した（これは明治一九年の学制改革以後の戦前の理科に戻るものである）。

理科とは何か。辞典類からその意味を求めると、〈自然界の事物および現象を学ぶ教科〉とある。しかし、これは正確ではない。日本以外の国では「理科」という教科がなく、「自然教育」か「科学教育」である。理科は日本独特のもので、「政府・行政担当者によって選定された自然界の事物、現象およびその人々の産業との関係を学ぶ教科」というべきだろう。

理科は、その誕生以来今日まで、子どもたちに①自然とは何か、②自然はどのように存在しているか、③人間は自然とどのようにかかわってきたか、その結果人間と自然はどう変わったか、④人間はこれから自然とどのようにかかわっていけばよいかということを学ばせる教科とはなっていない。自然の事物や現象を学ばせることはされているが、それが断片的であることによって、上に掲げた①〜④の、人間と自然にかかわる主要な問いに答えることのできる基本的な能力を身に付ける学習は不可能である。

三　自然学習と自然科学学習――教育課程改革試案「自然」から考える

◆「改革試案・自然」とは

前節で紹介した政府の教育政策に対して、教師・教育学者・自然科学者・技術者や、民間の教育研究団体が、危機感をもち、国民のための自然科学教育をめざすという方針のもとに、研究・実践活動を進めた。すでにふれた科学教育研究協議会は、「自然科学をすべての国民のために」という考えかたを具体化させて、一九七三年に「自然をゆたかにとらえる理科教育」を研究大会の副テーマにするようになった。そうした民間教育研究団体の研究・実践活動の中で注目すべき成果として、中央教育課程検討委員会による「教育課程改革試案・自然」（以下、「試案・自然」と略称する）がある。

一九七〇（昭和四五）年に、先の日本教職員組合は、「教育制度検討委員会」を発足させ、これからの教育のあり方について本格的な検討を始め、一九七一（昭和四六）年に報告書として『日本の教育はどうあるべきか』、つづいて一九七二（昭和四七）年に報告書『日本の教育をどう改めるか』を発表した。そして、一九七五（昭和五〇）年に中央教育課程検討委員会を設置して、[4-4] 日本の教育のあり方を教育計画案のかたちに具体化した。こうして編成された「試案・自然」は、その基本的なねらいをつぎのように述べている。

〈自然についての興味と関心を深め、問題意識をもって自然に働きかけ、自然科学の基本的な事実・概念・法則を体系的にとらえ、これらを駆使して自然をゆたかにとらえられるようにすることである。さらに、この学習を通して、自然を本当に人間に役立てるための自然科学的基礎をあたえ、世界観の基礎をなす科学的な自然観を身につけさせることである〉

と。また、方法上の改善すべき方針として「教材の精選」をつぎのように示した。

〈これまで、理科がむずかしくわからないのは、理科が程度の高いことを教えてきたからだといわれてきたが、それは、雑多な知識をなんの脈絡もなくつめこんできたからである。本当に役立つ本質的で基本的なことは、それほどたくさんあるわけではなく、どの子どもも易しく楽しく学んでいけるものである。だから、〝教材の精選〟とは雑多な知識の詰め込みをやめて、より基本的で役立つ厳選された知識を使いこなせるまでに身につけられるようにすること、つまり、〝教育内容を量的に縮小して、質的に高める〟ということでなければならない〉

と。そしてやさしくたのしく学べるために必要な、自然についての基本的な事実や概念、法則の獲得は経験や既得の知識から帰納的にできるものではなく（帰納的なとらえかたを否定はしていないが）、大きな飛躍が必要であると述べている。また「探究の過程」重視の指導方法についてふれて、〈子どもたちの狭い経験と乏しい知識やわずかの実験と観察の結果から、これを帰納的に導くことのみが強調されるために、小難しい話になってしまっている〉と批判している。実験や観察の学習上の位置づけについては、子どもたちの一人ひとりが明確な問題意識をもって自然に問いかけ、それを実験や観察によって確かめることは大切であることと、子どもたちの問題意識のあり方は多様であって、教師の予想を超えるものがあり、たとえ、それが素朴であったり間違ったものであったりしても、子どもたちの問題意識のあり方にそくして、自分で考えながら、自分の頭と手を使って、自然に問いかけていく経験をもたせることの重要性を指摘して、戦後間もなくの「問題解決学習」の指導とのちがいを明確にしている。さらに、地学や生物などの学習では、野外の具体的な自然が見失われないように配慮すること、実験室的な方法や理論的な方法が多く用いられる物理・化学的な領域でも、具体的な自然に目を向けなければならないと言っている。

◆自然学習と自然科学学習

「試案・自然」は、このように、これまでの理科がかかえていた問題点に対応して具体的な考え方を述べたあと、いくつかの重要な提言をしている。その一つは、自然科学の基本的な事実や概念、法則を学ぶことについてで、それは理科における学習の最終目的ではなく、〈学んだ自然科学の基本的な事実や概念や法則を駆使して、具体的に自然を解き明かし、それぞれの事物や地域の自然のもつ特殊性までをと

らえられるようにしなければならない。これが本当の〝自然の探究〟〉と述べている。第二に、〈**具体的に自然を探究し、自然をゆたかにとらえられるように**〉することが理科指導の基本的な目標であると述べている。第三のこととして、そのためには理科だけでなく、技術科その他の教科や総合学習、教科以外の学習活動を組織することも合わせて検討しなければならないと言っている。第四として、自然科学や技術の現代社会における機能などについては、主として社会科で学ぶようにしなければならないが、理科でも、それを具体的に保証することを考える必要があるであろうと述べている。そして、自然をゆたかにとらえる自然科学教育を創造しようという積極的な考えから、「社会」という教科名に対応して、理科にかわって教科名を「自然」と改めることを提案した。

「試案・自然」が指導目的としているのは「子どもたちが自然をゆたかにとらえられるようにする」ことにある。だから教科「自然」としたと理解することができる。またこの場合の「自然科学」がどのようなものであるかが問題となる。「自然科学」といった場合に、一般的には、その目的から定義している。たとえば、『広辞苑』第二版補訂版[4-5]では、〈**自然に属する諸対象を取り扱い、その法則性を明らかにする学問**〉となっている。自然科学は現実の社会的営為の一つである。その成果は現在までの到達点にすぎない。今後さらに成果が発展して、これまで正しいとされてきたことが誤っていたり不完全であったりしたことが明らかにされることもある。自然科学は社会的営為であることによって、技術や生産活動のあり方によって強く左右されて、ゆがめられることもある。この点に敏感に反応して、あるいはゆがめてとらえ、自然科学の歴史性と社会性をきちんと理解することなく、その成果としての認識結果を無視ないし軽視する科学観が生まれ、この考え方を教育の中に持ち込み、科学の成果を教えることに消極的ないし否定的な教育を進めようとしている動きもある。文部科学省が告示してきた小中学校の学習指導要領理科には、この傾向が見られる。

自然学習と自然科学学習とは、たがいに密接な関係にありながら、異なる学習である。自然科学学習とは、自然科学という自然諸事物・現象の法則性を明らかにする専門化した社会的営為を学ぶことである。その目的・方法、明らかにした成果、歴史、人々の生活や社会との関係などを学ぶことである。そのことを通じて、子ども一人ひとりが、自分と自然科学がどのような関係にあるかを明らかにし、生活する上で自然科学を活用する、また社会にとって重要な役割を果たす自然科学を今後どのように進めたらよいかを考えながら、望ましい研究が進められるように社会にはたらきかけることができるよう、基礎的能力を身にそなえることである。

それに対して、自然学習は、子どもたち一人ひとりが自然とどうかかわればよいかを明らかにすることを目的とした学習である。それは、自然（とその保全）と人間の生存という、社会的課題に対して具体的な場面で統合して考え、行動できるようになることを目的とした学習である。自然はどのように存在しているか。人間のはたらきかけに対してどう反応するか。逆に自然はどう変化して人間に対してどう影響を及ぼすかを学ぶことを基本にしている。

自然学習は、自然と直接かかわることを不可欠とする。しかしまた、学習は人間の歴史的営みであるから、子どもが、先人が自然について明らかにしてきた成果（得られた知識、描いてきた自然像）と対峙し、生活の中で身につけたものと結合させる必要がある。自然と自然科学との関係は、自然科学の学習では、自然について知ることは、自然科学が自然について知る上でどのような意味があるか、どれだけ信頼できるものかを検証する手段であるのに対して、自然学習においては、自然科学を知ることは、自然を知るための手段となっている。「試案・自然」がいう「自然をゆたかにとらえる」とは、いうまでもなく自然学習の目的である。また自然を知るための手段となるのは、自然科学だけでなく、さまざまな道具を作る工業や作物を栽培する農業など産業や生活の中でえられたものも重要な意味をもっている。どちらも自然を構成している物体や物質、生物にはたらきかけて改変する行為であるが、そのことを通じてそうした物体や物質、生物がどのような性質をもっているかということを明らかにする、一つの手段となる。

四　ベイリの「自然学習思想」と自然学習

これから紹介するベイリの「自然学習思想」(以下、「ベイリ自然学習」と略称する)は、戦前の成城小学校の「自然科」、戦後の日本自然保護協会の「自然観察」などで象徴されるように、日本における自然学習あるいはその運動に大きな影響を及ぼし、今もなお自然学習指導を進めている人たちにとって支えとなっている重要な思想である。自然学習とその環境学習について考えていく上で、その検討は欠かせない。そのため、一九〇九年に刊行されたベイリ(Liberty Hyde Bailey, 一八五八—一九五四)の"The Nature—Study Idea"の改訂版の日本語訳書(4—6)をもとに検討することにした。

◆ベイリの自然と学習

最初に二つのことを手がかりにして、「ベイリ自然学習」の思想がどのようなものであるか、その基本を見てみたい。一つは、この書の扉に書かれている副題としてある〈青少年を自然に関係させ共感させようとする教育運動についての一つの解釈〉であり、もう一つは「第一部　自然学習の教授」の「I　自然学習とは何か」のはじめのほうに書かれているつぎの文である。

〈自然学習とは、直接的な観察によって、彼ら子どもの生活環境における普通の事物・経験を知り愛するように生徒の心を開かせる運動であり〉

この二つを重ね合わせて考えるといくつかのことがわかる。その一つは、ベイリがこの書でいう自然とは、〈彼ら子どもの生活環境における普通の事物・経験〉物であるというように限定していることである。それは、子どもの立場からみて、自然は彼らを直接取り巻いている、生活している場所の世界という意味であり、生活圏の事物・現象であり、あるいは地域の自然事象と読み取ることができる。それは、自然科学が対象としている自然とも、また前節で検討した「試案・自然」で学ぶ自然ともちがう。「試案・自然」の場合の自然とは、ベイリが重視している〈直接的な観察によって、彼ら子どもの生活環境における普通の事物・経験〉物をふくむが、それだけでなく、見える・見えない、直接感知できる・できないに関係なく、客観的な事象がそのものとして存在している姿をいう。「試案・自然」は、そうした自然をゆたかにとらえる基礎を身につけさせようと考えた。自然の階層構造にそくして言えば、クオークから宇宙全体まで、歴史的にはその起原から現在まで自然のすべてをふくんでいる。

二つ目として、その「自然学習」の目的は、自然を〈愛するように生徒の心を開く〉ことにあるということである。「自然についての学習」とは、〈生徒の心を開く〉こともふくみながらも、それだけにとどまらず、自然にはたらきかけ改変したり、自然を保全したり、また自然科学の方法を身につけて明らかにする行動などを通じて、自然とのかかわりについての子どもの自己変革とみている。だから「自然についての学習」という言い方が適当である。それに対して、ベイリの「自然学習」は、より限定的に目標を明確にすることによって、子どもの発達成長にとってもっとも基本的な学習として、その目的を鮮明にしている。

もう一つ、ベイリがここで使っている「自然学習」という語は、子どもの学習のことを意味しているだけでなく、それを進める運動であることがわかる。The Study of Nature ではなく、特別に、Nature—Study という語をつくった。以後、用語として、ベイリの自然学習の場合には「ベイリ自然学習」を、それ以外のものは、特別の場合を除いて、「自然学習」というように区別する。

◆ベイリにおける自然科学と子どもの学習

つぎの課題として、「ベイリ自然学習」は、自然科学と子どもの学習との関係について、どのように考えているか、検討してみたい。

ベイリは、二つの目標を設定し、「自然学習」と自然科学を教えることを対置している。そして、自然科学を教えることは、〈人類の知識の量を増す目的で新しい真理を発見するため〉にあり、「ベイリ自然学習」が、〈すべての人が、その職業のいかんをとわず、内容のより豊かな生活をし得るようにする〉のに対して、〈目指すところは、研究者・専門家をつくること〉であると言っている。そして、〈自然学習の方法は、根本的であるがゆえに一般的な教育課程なのである。これに対して、形式的な理科（科学教育）の方法は、成人や特定の個別の科学を知りたいと思う人に適しているのである〉と付け加えている。べイリは科学教育を全面否定しているわけではない。〈自然学習は、小学校において形式的な科学を教えることに対する反抗である〉と述べているように、形式的な科学を小学校の子どもたちに教えることを批判しているのである。

ベイリは、こうも考えていた。〈大学での物理学、植物学、動物学、化学が、学生に対する効果を考えてみると、きわめて貧弱なしかたで教えられている。（中略）もちろん、この効果こそが教育なのだということは、いうまでもない。学生が大学で物理学の授業を受けても、生活の中の普通の物理現象についてろくに知っていないということだろう。（中略）教師は、教える内容を展開することを考えても、学生に関係のある事物の正しい生き生きした観念を育てさせるようなことはあまり考えない傾向がある〉と。

ベイリは、〈自然学習は科学教育と対立するものではない〉とも、また〈自然学習は子どもに科学教育を受ける準備をしてやるものである〉とさえ言っている。子どもが成長していって、科学を学ぶことを望むならば、〈自然学習は科学の学習に変化してゆくだろう〉と推測し、科学教育の力をそいでいるのは、子どもの精気も迫力も失われるほど内容をきびしく整理して限定したり、小さなこと、細部にこだわったりし、子どもの想像力を奪ってしまうことであるとも言っている。子どもは、子どもの領域で学習するしかないのに、そうしたことを配慮していないと見ている。自然科学は最初からあったのではなく、自然物があって、それについて一つの科学として自然科学が生まれたのであるともいいながら、〈自然への関心はまず、胸のことがらであり、関心が胸から頭へと移る時、自然への愛は科学に道をゆずるのである〉と述べている。

このベイリの自然科学教育に対する考え方は、きわめて説得力のあるもので、当時の科学教育の実態からみれば、的を射た批判ということができる。これまでの日本における、学習指導要領に基づく理科で教えられているものも、この批判を甘んじて受け入れなければならないほどに形式的な科学の教育となっていた。しかし、自然科学教育がいかに改善されようとも、ベイリが批判したものから脱却できないと判断するのは誤りである。またそう考えて自然科学教育そのものを否定することも避けねばならない。

◆共感のための指導方針

つぎの課題として、「ベイリ自然学習」では、どのように指導すれば、その目的である「子どもたちが自然と共感する」ことができるか、その方法をベイリの言葉から拾うことにする。その一つとして、子ども自身の生活経験に関心を持ち学ばせるように意図することを上げている。〈真の教育は、子どもの普通の活動から生ずる、あるいは普通の活動の結果である〉、〈将来いつか、普通の仕事において有能な男女であるようにする〉のが真の教育であると述べている。〈日常、接している事物・事態・現象を形式ばらずに個々に身をもって扱うことである〉と。そしてまた、〈単なる事実は死物である。しかし事物の意味は生きているものである〉、〈われわれはもっと自然に近づいて生き、自然についての心情を生き生きさせねばならない〉とも言っている。

ベイリのいう「自然との共感」とは、〈子どもの心を開いて自然における彼の存在を知らせるべきであり、彼の責任感と自立心を発達させ、地球上の自然的資源を尊重するように訓練〉するということである。自然に対する共感的な態度を育てるということの目的は、生活のよろこびを増すことであり、内容豊かな生活をし得ることにあり、自然学習は単なる自然の学習ではなく、人類の進歩のしるしの一つであるとも考えていた。自然の事物・現象がわれわれの生活の一部分となることであり、子どもたちが幸福な生活をおくることを目標にしており、その〈**幸福な生活とは、世界との接触する点をもっとも多く持つものであり、存在すべてのものにもっとも深い共感を持つものである**〉と考えていた。

ベイリは、自然学習では、自然さと自由が生まれると言い、形式にとらわれないことが重要であると言っている。形式が整った授業は、方法とシステムを重視させることによって訓練させることになるが、自然学習は、くつろぎを与えるものであり、自発的であることに価値があると述べている。また〈**自然学習のすぐれた授業では、個性を発達させ、生徒が自分で考え、世界と個性的な関係を保つように励ますものである**〉と結論している。

こうした目標をもった自然学習の教育にあたって、具体的にどのように指導していったらよいか、「ベイリ自然学習」の指導には、(1)事実、(2)事実のわけ、(3)生徒の心に残る疑問の三つの段階があると言って、「心に残る疑問」を学習の最高段階に位置づけ重視している。自然との共感とは心のことであり、疑問をもつことによってつぎにつなげるという意味があるからだと理解できる。室外への興味関心は、身体的な快感よりも、精神的な洞察と共感こそがその本質であるとも断言している。

◆「共感する」と「知る」

ベイリの「自然学習」の思想の中で、もっとも核心となっているのは、「共感」という心情と「知る」ということとの関係である。彼には、言葉の上で表面的にとらえると、矛盾しているように見える文言がある。〈彼ら子どもの生活環境における普通の事物・経験を知り愛するように生徒の心を開かせる運動であり〉といいながら、他方では〈それは知識でもない。それは事実でもない。それは精神なのである。それは心の、ある態度なのである〉と言い切っている。このどちらもベイリの言葉であり、真実であるとすると、ここで〈知り〉といっていることは、単なる知ることではなく、特別の意味をもっていると判断するほかない。〈それは知識でもない〉の知識とは、それとは別の特別の知識を指し、否定しているというように理解するほかない。それは、決して知識そのものを否定しているわけではない。ベイリが自然の直接的な観察を重視していることから思えば、〈それは知識ではない〉といっている知識は、事実ともそれに対応した概念ともつながりのない言葉の上での知識、それゆえ子どもたちの感情や知的活動にとって重要な意味をもっている知識とはちがう別のものであると考える。ベイリの場合、知るとは直接的な観察によって「知ること」であり、生活の中で役立つ生きた知識を身につけることを意味している。そして、つぎのことばが重要な意味をもっているとみている。〈もっともよい感情は、もっとも正確な知識から生ずる感情なのである〉と。〈自然への共感が、具体的な事物、事象を実際に観察することから自然に生ずる結果として、出て来なければならない〉と。

また先に紹介した「ベイリ自然学習」の指導の三段階のうち、第二段階の「事実のわけ」に注目したい。この第二段階は、第一段階の事実を知ることを基礎にして、第三段階に発展する基本となるところである。事実を知ることは大事ではあるが、それだけでは「共感」の心へ到達することはできない。第二段階の「事実のわけ」を明らかにし、知ることがその要となる。生きものの場合について、「それは何のためにつくられているか」という問いに対する答えである。〈まさに、それら自身のためにである。それぞれは、それ自身とその種のために生きるのであり、生きるということは、人にとっても、虫にとっても、生きる努力をする価値のあることなのである〉、〈事物が人間だけのために作られているのではない〉と。ものごとを、自分、人間の立場から、自分の価値観からとらえるだけでなく、そのものとしてどうなのか、そのもののわけとしてどうなのかという、認識の対象であるものごとそれ自体の「理」に則してとらえるということを、この文言の中に読み取ることができる。この時、「愛する」という心情的なものが、自然とどう「共感」するかという、自分と自然との間に関係を結ぶ、具体的な行動、態度、方策を生み出す基本が生まれてくる。もし、相手を知ることなく、自分の心情・信条だけではたらきかければ、それは、自己中心的なものになりかねない。かえって相手にとって有害な結果を生み出す場合も出てくる。

　ところが、おどろくべきことに、ベイリは、これに続けてつぎのように述べている。〈だれかがいうであろう。自然淘汰と適者生存があるならば、必然的に適応が結果としてあることになると。そのとおりである。だが、有機体のすべての部分や特徴が個々それぞれに特別に適応したものになっているという結論にはならないのである。少なくも、現在の時点においては、そう結論することはできないのである〉。かつて、生物学の分野で適応が重視された時代に、事実に根ざすことなく判断することによって、擬人的な解釈が横行したことがある。その危険性を、ベイリは感じ取っての文言である。これは、単に慎重であるということではなく、〈まさに、それら自身のためにである〉を別のかたちで、ものの見方を表わし、そのことによって「共感」の基礎となる「事実のわけ」をとらえる基本的な姿勢を示していると理解したい。

　これに関係したことであるが、中内敏夫は、つぎのように述べている。[4-7]〈自然環境に親しみ、「外なる自然」をめでてきた日本人と、いま自然の乱暴きわまりない破壊者としてあらわれてきた日本人とは、相互にどういう関係にあるものなのだろうか。わたくしには両者は別ものでなく、同じ存在の二つのあらわれ方のようにみえる〉、〈自然に親しむ意識とは、（中略）自然に即する合一者として位置づける意識である。自然との合一者には、自然に対する対自意識、自然をモノとして対象化する意識ができにくい。したがって、そこでは、だいいち、「自然」という概念が成立しにくい〉と。古来日本人にあった「自然を愛する」という心には、自然を自分のほうに引き寄せて、自分の理で解釈して一体感をもつという主観が中心となっていた。作家の高橋治も、〈日本人が自然を愛する国民で、独特の感性を持つという点に、私は甚だ懐疑的である(4-8)〉と述べているが、その根底にあるものを、中内は指摘しているのである。

ベイリのことばは、擬人化の危険性を指摘しているように思える。むしろぎゃくに子どもが自然に近づいていって、その存在に共感をもつということをもっとも重視していたのではないか。そのために、自然を自然として、つまり人間の理とはちがう、自然の理に則して存在していると理解することが、「共感する」ことにとって重要であると考えたのではないか。そうでなければ、〈自然学習とは、直接的な観察によって、彼ら子どもの生活環境における普通の事物・経験を知り愛するように生徒の心を開かせる運動であり〉ということばは出てこなかったはずである。

◆「ベイリ自然学習」と日本の理科

「ベイリ自然学習」と日本の理科は、その目的において二つの点で共通しているように見える。一つは、一般の諸民となる教育と専門家、研究者になる教育を別のものとして考え、その教育方法の上でのちがいを、自然科学を教えるかどうかで考えていたことである。第二に、一般の諸民となるための教育では、子どもの生活圏にみられる事物・現象を重視していることと、自然を愛する心情を養うことを目的にしていることである。

しかし、ちがいもある。その一つとして、理科では、教科書が重要な教材として使われ、そこに書かれているものを学びとるというのが、基本になっている。それは検定時代から国定時代へと移るにつれて、統制がきびしくなり、子どもの学習の指導は、書かれているものをそのとおりに記憶し理解するという一点に集中するようになった。観察など具体的な事物・現象との直接的なかかわりは、教科書に書かれていることを確かめ、理解するための手段となっていた。ベイリの「自然学習」の指導は、それとは異なり、すでにふれたように教科書を使わず、野外に出て、子どもたちが自由に事物・現象に接して、そこから学びとるということが基本となっていた。

理科が実用性を重視していたのに対して、「ベイリ自然学習」では、実用性を無視はしなかったが、重視はしなかった。生活に関係したものであっても、関係しないものであっても、子どもがその生活圏の中で接したもののそのとおりに観察し学ぶというのが第二のちがいである。

第三は、自然を愛する心の育成について、理科では実際にはあまり重視していなかったことは、前節で述べたとおりである。それに対して「ベイリ自然学習」では、共感と自然を愛する心の育成が重要な目的になっていた。理科では、身の回りのものについて知り理解することと自然（天然）を愛することが並列的で強く結びついてはいなかったが、「ベイリ自然学習」では、自然の直接的な観察は、自然を愛し共感するための手段の位置にあった。

第四のちがいは、一般教育で自然科学を教えることを排除していた理由のちがいである。「ベイリ自然学習」は、「当時の自然科学を教えること」は子どもの心情、関心、興味から離れたもので、それは子どもの学習の妨げになるという考え方で排していたが、理科では、一般諸民のための教育と、専門家・研究者、高級官僚を育成する教育とを差別する具体的な方策として生み出されたというちがいである。「ベイリ自然学習」と理科の間にみられる共通点と相違点のどちらを重視して、それぞれをどうとらえるか、それは、子どもの学びを指導する基本的な姿勢にかかわることである。

五　自然学習指導とは

◆自然学習を成り立たせる三つの要件

以上のような自然学習に関する四つの検討によって、自然学習の指導は、どのように進められれば好ましい指導となるかの基礎となることが明らかにされたのではないか。しかしなお、基本となることが残っている。それは、自然学習指導が自立的で自律的に展開されるための、原則ともいうべき条件を明確にすることである。

その一つは独自性である。他の学習指導では達成することのできない、独自の目的と指導内容を備えていることである。学習指導としての専門性ともいうことができる。自然の中のある事物・現象を知るということであるならば、国語の授業や生活科の授業の中で実現できる。また指導を受けることなく、子どもがその生活圏にある自然にかかわって、それを通じて知ることも可能である。そうではなくて、ある特別の指導を受けなければ、達成させることのできない自然についての学習であり、そのための指導目的が明確にされねばならない。アサガオなどの園芸植物の特徴を知ることは、学校の授業で指導を受けなくても、家庭でそうした植物を実際栽培すればわかることである。またアサガオやヘチマの特徴がわからなくても、子どもがその生活上困ることはなく、また社会的にみても大きな損失とはいえない。これらの植物の特徴は知っても知らなくても大きな問題ではない。しかし、植物とはどういう生きものか、植物の中でヘチマやアサガオはどのような位置にあるのかということになると、指導を受けながら学ばないととらえることは難しい。植物の生きものとしての本質的な性質とそれぞれの植物の個別的な特徴、それらの総体としての植物世界を貫く基本と多様性を知ることは、教育による助成を受けて学ばないかぎり、不可能ではないにしても難しい。

第二の条件は、指導を受けて学ぶことによって身に付けた基礎的能力が、子ども一人ひとりにとっても、また社会全体にとっても重要な意味をもっていること、それが社会的公正さを損なう行為に結びつかないというものである。たとえば、生物兵器や原子爆弾のしくみや製造法、あるいはそのための基礎的な知識や技術を身に付けさせることは、それらの知識が戦争に使われたり社会悪に利用されたりすることのないようにするための学習と結合して指導されねばならない。他の教科等による学習指導の助けを借りなければ、避けられないものであるならば、自立的・自律的学習指導とはいえない。自然学習と自然保護学習を例にするならば、この二つは、その学習の目的も内容もちがう。自然学習では、自然はどう存在しているか、歴史的にどのような過程を経て現在のような姿になったのかを知ることが自然学習の重要な目的であろう。したがって自然保護についての学習を本格的に指導することはない。しかし、自然保護をふくめて、人間と自然とのかかわりについての望ましいあり方を考え、明らかにしていくための学習を最小限その中にふくまねばならない。そうでなければ、自然学習はそれだけで独立した学習指導単位ということができず、必ず他の学習指導による本質的な支援を受けざるをえないものとなる。

第三の条件は、他の学習指導との連携である。その連携の中で子どもの全学習を成り立たせるという役割を果たすことである。環境学習の指導と自然学習の指導は、また社会についての学習の指導、生活についての学習と、相互に強い連関の中になければならないというものである。

◆ものの自然性とその社会性

自然科学教育を例にするならば、自然科学が明らかにした自然の基本的な事実、法則を子どもたちに学ばせることであるならば、学んだことは善にも悪にも利用されるし、利用されることがない場合もある。原子核の分裂にともなって膨大なエネルギーが発生することは、物質界の法則性として、物理学によって明らかにされ、それが知識として受け止められた結果、原子爆弾製造の開発の道が開かれ、一九四五年に戦争の兵器として使われ、諸民に大きな害を及ぼした。そうならないように、物質のそのものとしての存在のしかたを学ばせる場合には、それと同時にそうした知識が社会的にどのような意味をもつことになるのかも、合わせて学ばせる必要がある。そこから子どもの全学習を貫く基本的な役割に結びつくことが自然学習の指導にも要求されているということをはっきりさせておく必要がある。

子どもの全学習の指導に貫かれている基本的な目的とは何か。それは教育基本法（二〇〇七教育基本法ではない）に明示されている。それは、子ども自身もおぼろげながら自覚している。どのようなことを社会に要望するかという問いに、若者期にある子どもは、武力紛争のない社会、環境破壊のない社会、犯罪のない社会、差別のない社会を望んでいる。授業で学習したいことも、さまざまな人たちの幸福追求の人生について学ぶと、感動するし、環境保全に取り組んだ人の人生を学ぶと感激する。一言でいえば「世界中のすべての人がたがいに傷つけあうことなく、みんな幸せになる」という人類共通の願いを実現するという社会の課題に対して、教育的に応えることが、全学習指導の目的である。自然学習の指導は、そのための自然的基盤、つまり人間は自然とどのようにかかわれば、人類共通の目的を達成することができるかという課題に対して望まれる。

しかし、自然は、人間を取り巻く外的世界そのものであるから、それ自体は、人類共通の願いと直接結びつくことはない。それにもかかわらず、そのことが人間にとって重要な意味をもってくる。それは、自然の存在のしかたがわかると、人間がどのようにはたらきかければどのように変化し、どのように変化をとめることができるかということがわかるからである。そして、そうした自然の変化、変化したもの、変化する前のものの、人間にとっての意味がとらえられると、外界の環境としての意味や、有用なものを作り出すにあたっての意味がわかり、単なる自然へのはたらきかけであったものが、環境の保全や破壊、有用物の生産、消費、廃棄という意味がそこに重なってくる。ものやその変化の自然としての性質とその社会的な意味の関係である。田畑の耕しは土粒の単なる細分化にすぎないし、草取りは特定の植物を除くことにすぎないし、虫取りはまさに虫取りであるが、それは、農民からみれば、作物である植物の環境を良質なものにかえることであり、作物の生育をうながし、多量の収穫物を得る手段へと転化する。そして、人間自身も自然であることを学ぶことになる。

五章　環境学習と農業学習

一　農業学習と作物栽培学習とはちがう

農業とは、農民にとっては職業であり、社会的には産業である。経済のなかの重要な位置にある。イネやヘチマなど作物である植物を栽培するだけでは農業とはいえない。種まき、その前段の田畑の耕し、整地から始まって、生育環境を整備し、有用物を収穫し、つぎの年にまく種を残すというところまで作業が完結されても、作物栽培ではあっても農業とはいえない。「業」という面がない。業とは職業であり産業である。農業学習としては、農民の生活の一環として生活の他の部分との関係についての学習が必要であり、社会的分業の一つとして、人々の生活・他の産業との関係の中での位置付けが必要となる。学校の敷地内に水田をつくったり、バケツに土と水を入れたりして、稲を栽培して学ばせるという作物栽培教育は、子どもたちが大事なことを学ぶ機会を与えるという点で、教育として重要な意味がふくまれているが、これも農業教育とはいえない。農民の協力を得て田植えと収穫の体験も学習として意味があると考えられるが、農業学習ではない。

農業学習は、環境学習と密接な関係がある。田畑や里山、屋敷などからなる農村の自然が維持されることは環境保全にとって重要な意味があり、農作業一つひとつが、人間の環境である自然との関係であるという意味でも環境保全と重要なかかわりをもっている。したがって、農業教育を進めながらも、そのなかで環境保全についての教育が組まれたり、環境教育のなかに農業についての学習が扱われたりしても決して矛盾することではない。しかし、それにもかかわらず農業教育と環境教育は区別する必要があり、その上で相互の関係を明らかにすることが、これらの教育を進める上で重要な意味をもっていると考える。

二　ある農業学習指導実践

私は、一九八五年から二〇〇二年までの一七年間、普通高校一年生の理科の生物授業の中で農業の授業をしてきた。農業教育とはどういうものであるかを具体的に考えるにあたって、その最初として、二〇〇二年度に実施した授業内容を紹介する。

一年間の生物の授業は、第一～三章で人間と生物世界を中心とした自然との関係を歴史的にとらえ、第四～六章で現代における、人間と生物世界との関係にみられる課題を明らかにするという順序で進めた。その中で、農業に関する授業は、第二章の「農業の時代の人間と自然」と、第三章の「大規模工業時代の人間と自然」の中の「32　農業の大規模工業化」で行なった（表5―1）。

第二章の初めの21～24は農業の起原と「農業とはいかなる営みか」を明らかにする授業であった。最初の「21　道具と生態的地位の変化」では、人間が出現して採集狩猟生活を始める中で、道具と社会生活の発達につれて、サバンナ生物世界の中での人間の生態的地位が変化したということを教えた。道具等の発達によって、それまで獲物としてとらえられなかったものがとらえられるようになる、それまで敵として人間を襲っていた動物に対して防御、逃避の方法が発達して、生物世界の食物連鎖の中で人間の位置が次々に変化してきたあとを追跡する授業であった。採集狩猟生活時代は、人間は最終的には自分を食べる動物がなくなり、ライオンのような大型狩猟動物でさえ捕らえることのできなかった、ゾウやマンモスのような動物もとらえて獲物にすることができるようになった。しかし、さらに人口が増加しても、それ以上は食糧の量・質を拡大することができず、深刻な食糧不足に陥ったという歴史をたどりながら、採集狩猟生活から農耕生活へ転換して「農業の時代」をむかえるという歴史的過程を考えるというものであった。そこから農業の時代の授業に入った。

「22　農耕生活」では、まず「農作業のいろいろ」で、一九七〇年代初頭における千葉県のある農民の一年間の「農業日誌」全文を資料に、農業と農民の生活をみながら、その中の稲作に関する部分を抜き出し、稲の栽培・米作りが一年の中でどのような作業によって進められているかを調べた。(5―1)「農業の基本、二つ」では、野生植物世界と田畑という栽培植物世界のちがいとは、後者が作物以外の植物を可能な限り除去し、作物だけの植物世界にすることであること、また作物が野生の植物と比べて、つくる食物の量・質がすぐれていることと、栽培しやすいことの二つの条件をそなえた植物であることを教えた。そのことは具体的につぎの「作物という植物」と「田畑という環境」で具体的に学べるようにした。

表5—1　テキスト「人間と生物世界の歴史」2002年度版目次

第1章	人間の起源と自然	11	サル類から人間へ
		12	人間はどのようにサル類から人間になったか
		13	人間の祖先はサル類
		14	人間がたどったみち
第2章	農業の時代の人間と自然	21	道具と生態的地位の変化
		22	農耕生活
		23	作物一米・稲
		24	農業のはじまり
		25	農業時代の自然
		26	農業の時代の自然のみかた
第3章	大規模工業時代の人間と自然	31	大規模工業時代とは
		32	農業も大規模工業化した
		33	基幹産業
		34	医療の進歩
		35	生物学と生物のみかた
		36	世界大戦と戦争の大型化
		37	核時代
		38	知ることと科学
第4章	環境の時代	41	もう一度、大規模工業時代
		42	イタイイタイ病患者
		43	青空裁判の記録を読む
		44	新聞記事「東京、大気汚染裁判判決」を読む
		45	「裁判判決」について
		46	ゴミ問題に取り組む人たち
		47	三番瀬とその埋め立て問題を考える
第5章	環境を調べる	51	学校のある地域の環境を実地に調べる
		52	作草部ウォークラリー
		53	学校周辺の自然の変化をみる
第6章	人間の内なる自然	61	生きものであること
		62	人間の社会生活の起源を探る
		63	生きたものたちのつながり
		64	生物世界の文化と発展
		65	野生生物世界の危機
		66	自己家畜化から自己ペット化へ

「焼畑と採集狩猟」では、農耕としてもっとも基本となる特質をもっている焼畑農耕とそれ以前に普通にされていた採集狩猟についての「人間と自然との関係」を明らかにするもので、採集狩猟は、人間が取り巻く自然から食糧等を得た後は、自然がその自己回復力によって復元し、ふたたび人間が有用物を得ることのできる自然に戻るのに対して、焼畑は人間が自然にはたらきかけて無植物地帯に変えることによって耕地が耕地として回復するというちがいがあることを明確にとらえられるように指導した授業であった。

「25　農業時代の自然」は、農業を営むことによって野生世界がどのように変わり、新しく生まれた人間世界がどのように維持されるようになったかを明らかにする授業であった。現在は都市になっている地域が農業の時代はどうであったかということも、過去の地図を手がかりにして読み取り、農村の自然とは具体的にどのようなものか、現在の農村の景観をビデオカメラで撮影したものと、現地見学の両方によってとらえるということも行なった。

「26　農業の時代の自然のみかた」は、農村の年中行事の記録、古事記・旧約聖書を手がかりにして、農耕文化の一つとしての自然観を知る授業であった。ここでは、農耕という人間と自然との関係、それによって生まれた農業的自然、農業時代の自然観を相互に関係させてとらえられるように心がけた。

「第三章　大規模工業時代の人間と自然」の「32　農業の大規模工業化」とは、機械工業によって生産された農機具、化学工業によって生産された除草剤、殺虫剤、化学肥料などの農薬、ビニール膜などによる農業技術によって営まれるようになった農業をいう。高度経済成長時代に入って、日本の農業と農民の生活の変化、農村の自然の変貌を中心とした授業となった。

農業技術が大きく変わり、生産性が向上し、読んだ「農業日誌」に書いてあるように、高齢夫婦二人だけでも経営が可能になった。しかし、農業所得はなお工業所得より劣り、離農家族が続出して、農業人口は大きく減少したことなど、ここでは、農業センサスの資料を手がかりに、初歩的な農業経済についての考え方も導入して授業を進めた。この中で、農村の自然は三様に変化したことを取り上げた。一つは開発により都市化して消滅したもの。第二は離農者が多く、田畑・里山などが放置されて、植生の遷移によって消滅したもの。三つ目は、外観的には農村景観を保ちながらも、放置された田畑、里山が森林化、あるいは高茎草原化して、それらがモザイク的に散在し、屋敷もかつての農作業の場として使い途がなくなって庭園化し、内実は大きく変わったことを教えた。

この授業には、農業学習の指導としていくつかの大きな欠陥がある。その一つは、農民の生活が十分描かれていなかったことである。授業で読んだ「農業日誌」は農民の生活日誌ともいえるもので、日常生活のほとんどが記録されており、米やその他の収穫物の量がわかるし、米以外の収穫物を販売して得た収入の金額がわかり、家計のうち収入についてはおよそがわかったが、肥料や農薬の購入でかかった費用、農機具を購入してのローンの返済等、家計のうち支出がわからず、生活の基盤となるところが学べるようにできなかったことである。第二のことは、日本人の食糧確保における日本農業の役割まで踏み込んで学ばせるというところまで進めなかったことである。第三は、農村という地域における人々の社会的な関係についてほとんどふれることができなかったことである。歴史的結果としての現代における日本農業がかかえている問題をとらえ、将来に向けての課題を明らかにするというところまで授業を進めることができなかった。これは、生物教育の一環としての農業教育であることから、農業の技術的な面に偏ることから生まれた結果といえよう。さらに最も重大なこととして、資料、映像、わずかな実地見学にたより、実際に進められている作物栽培の見学や、農業実習といった体験を通じての学習ができなかったことがあげられる。

三　なぜ農業教育が必要か

なぜ農業教育が必要か。それは、農業が、人間の食糧獲得のための生産活動だからである。それは、人間の諸活動のなかの根幹をなすものである。また、〈**現在、わが国の農業は、国内的にも、国際的にも、きわめて多くの困難をかかえている。この困難は、農業関係者だけでは解決できない状況にある。それは、全国民的規模で取り組まなければならない問題でもある**[5—2]〉。だから、農業は、基本的にも、また今日的意味においても、教育の問題として重要な意味をふくんでおり、ぜひ教えなければならない[5—3]。しかも、その場合に、それは、職業教育としての農業教育のように、ある一部の子どもだけに教えるというものではなく、すべての子どもに学ばせなければならないものである。自分たちが食べるたべものがどのようにしてできるのか、そのために農民や技術者・科学者がどのような努力を払っているか、国民としてどのような姿勢で食糧問題・環境問題に対処しなければならないかなどについての基礎的な知識・考えかたは、ぜひともすべての子どもたちに身に付けさせておかなければならないものである。

農業を、義務教育のなかですべての子どもにたいして共通に学ばせたい。それは、諸教科に分割されて教えるということも必要であるが、農業そのものを統一的にトータルに教えられるものでなければならないと考える。農業は、植物学・動物学・地学などの自然科学、農学などの技術学、経済学、歴史学、民俗学などの総合化によってはじめて明らかにされるものであるからである。それは、現在の後期中等教育でみられるような農業高校や農業科などで教えられる専門教育あるいは職業教育としての農業教育ともちがう。専門教育としての、あるいは職業教育としての農業教育は、そのことからおのずから教育内容に特定の配慮がなされなければならない。加工技術をふくめて農業技術や農業経営といった農民としてあるいは農業技術者として生活していく上で、農業経営者として必要な素養を身につけさせるという角度からのものが中核をなすことになるだろう。いまここでいう農業についての教育とは、それとはちがって、国民として共通に身につけておかなければならないことを学ぶ普通・一般教育としての農業教育である（だからといって、職業教育としての農業教育を否定しているのではなく、重視したい）。

　農業は教育的にみても重要な意味をもつ。そこには、産業教育としての一般的な意味と農業教育としての独自の意味とがある。産業教育としての一般的な意味は、宮原誠一がいうように[5—4]、産業を中心とした経済が人間の生活の土台としてあるからである。

　農業は教育方法的にみても重要な意味をもつ。農業教育は、ものをつくる教育である。頭だけでなく、「頭とからだで」という、全身で学び全身を育てる教育を生み出す可能性をふくんでいる。農業は、また、それによる〈破壊が、人間のつくり出した新たな自然を再生産[5—5]〉する。そして農業の思想の根幹をなす部分は、(a)自然の法則にそわない限り自然を管理・利用することができないこと。(b)そのことによって、人間も自然の一部であると自覚せざるをえなくなるということ、(c)自然を正しく管理するためには人々の叡智と相互信頼によらねばならない、ということにあり、そのことから人間と自然のありかたを考える上での重要な手がかりを、その学習から得ることになる。また、**〈動物飼育や植物栽培が経済の本質的な一部であるとみなされることが意識されると、ただちに長期間の見通しをどうしても必要とする〉**[5-6]という点で、人間についての学習の上で大きな意味をもつ。

農業教育は、さまざまなかたちでの総合教育という形態をとることになる。学ぶ方法の点から考えるならば、一つは作物や農村の自然への直接的なはたらきかけ、農村に生活している人たちとの直接的な交流を通じて学ぶということとともに、農業を取り巻く、技術、自然科学、社会科学、農民の歴史的に蓄積されてきた知識、考え方を統合した学習の指導が組織されることになる。

◆農業教育で何を教えるか

農業教育では、どのような学習が展開されればよいのだろうか。第一の大きな課題は作物の栽培、家畜の飼育についてである。作物の栽培を中心にして具体的に述べれば、その一つは、作物を栽培するということは、作物という生きものの一生を見守るということである。芽が出て成長し、花が咲き、実がなって死んでいくという植物の一生を見つめることである。さらに種子が種となって次世代につながるというところまで見極めることである。しかし、これだけならば、農業学習でなくても、自然学習の植物の学習で可能である。作物を栽培するということは、その植物の一生に人間がかかわるということ、人間がかかわらないと、作物は一生を全うすることができないこと、次世代への連繫が実現できないことを学ぶということである。したがって、このような目的を農業教育にもたせるとすれば、作物を栽培し収穫し、加工し利用するというところに焦点をあてるだけでなく、農民は、収穫する一方で、種子、果実、芋、球根など、つぎの世代への連繋の種となるものを残すということにも、注目するように指導しなければならない。人間は、作物をもっぱら利用するだけでなく、作物それ自体の持続を助成し、作物の生きものとしての持続がない限り農業は成り立たないということを明確にとらえられるようにする必要がある。

この点では、農業は、漁業とは異なる。漁業も、基本的には、水生生物の現世代からつぎの世代への連繋なしには成立しない。したがって、一方で収獲しながら、他方で次世代のための種としての卵や稚魚など個体群を残すということをしている（漁業教育も一般普通教育として必要であるが、そこでは、こうしたことが重要な課題になる）。しかし、漁業の場合には、養殖・栽培漁業を除けば、次世代への連繋は、生きもの自体の自己回復力に委ね、頼ること以外はしない。そこに人為が関与することはない。

農業教育の第二の課題は、作物の多様性に目を向けて学習するように指導することである。この多様性については、すでにふれたことであるが、三つの視点からとらえられるようにする必要がある。一つは、作物の植物としての多様性である。第二は、利用の上で作物の多様性である。三番目は栽培対象としての多様性である。この三つの視点は、作物をとらえる上で相互に密接な関係がある。たとえば、葉菜類はほとんど越年生植物であり、にせロゼット型の生育をする草である。ロゼットで冬を越し、春に抽台して花を咲かせ実をつけて一生を終わる。そのロゼット期のからだは、地上茎の根元近くの節間がつまって多くの節があり、そこから根生葉と呼ばれる葉をたくさんつける。背丈はあまり高くならないから、雑草が繁茂する夏季に栽培するのは難しい。穀類をつくる作物は一年生植物である。一年生植物は、一年で個体の寿命が切れて、種子を残して枯れる。種子が次世代の種となるので、そこには発芽、初期成長にとって十分な栄養物質が貯蔵されている。人間はいわばそれを横取りしていることになる。芋類や球根類の作物は多年生の植物が多く、種子から発育を始める場合には、コンニャクなどの例で明らかなように、一年で収獲することは難しい。栽培は、種子からよりも、地中部を「種いも」として採取して次の栽培へつなげる。

作物の多様性に関係して、作物のほとんどが育種（品種改良）によって野生植物とは異なるものになったことが、重要な指導内容となる。作物は自立的に生活できないので、栽培という人為による介助がないかぎり生存できない。逆に栽培技術の発達により介助手段が発達して、作物の多様性の拡大が実現されたが、また栽培方法の画一化や嗜好性の偏りによって栽培される作物が限定され、多様性が失われているという側面もみられる。

第三の課題は、栽培という、人間の作物へのはたらきかけについての学習の指導についてである。これは二つのことが重要な意味をもつ。一つは、すでに述べたが、育種とその栽培方法との関係である。もう一つの作物へのはたらきかけは、作物の環境整備である。作物を育てるといっても、作物の生育助成するのが栽培である。その助成の中心となるのは、環境整備であり、具体的には田畑の造成と維持管理である。その意味で、田畑が野生生物世界とどうちがうかを明らかにすることが、栽培学習の核心となる。

作物へのはたらきかけに関連して、第四の課題として重視すべきことは、はたらきかけに当たって使用する道具類である。鍬や鎌だけでなく、肥料、防虫剤などをふくめて考える必要がある。育種の発展と道具の発達が農業技術を大きく変え、そのことによって農業が大きく変わった（いうまでもなく農業以外の世界での技術、産業、人々の生活によって農業が変わり、農業技術が変わったという面も重要であるが）。

農業教育の大きな課題の二つ目は、職業としての農業である。農民の生活と農業との関係である。すべての人が、農民の健康とくらしを支援しないかぎり、農業という産業は成り立たない。職業としての農業を、農民の立場に寄り添いながら、国民として考える視点を養成することを目的にした課題である。それは農民についての教育ともいうべきものであり、農民にとっての農業の意味を学ばせるものである（このほかに職業教育としての農民教育があることはいうまでもない）。ここでは、農村という人間と自然の総体の問題と、農村社会という農民を中心とした社会的関係もふくまれてくる。ここには農村文化、農民特有の自然観というものも指導課題となる。

大きな課題の第三は、産業としての農業をどう教えるかということである。これは、農民と他の人たちの関係であり、農村と都市との関係もふくむことになる。

第四の大きな課題は、農村という環境と人間の環境全体との関係、農村生物世界と生物多様性との関係である。

最後の第五の大きな課題として、人間と農業のこれまでの歴史をたどりながら、将来に向けての展望を考えるということがある。

六章　環境学習とEducation for Sustainable Development

一　SD概念の複雑さ

環境教育をどのようなものにするかということを考える上で、Education for Sustainable Development（以下ESDと略称する）との関係は、きわけて重大な問題をふくんでいる。ESDの一〇年計画なるものが、国連で採択されて、日本でも政府や関連団体が中心になって実行に移されている。しかし、それがどのようなものであるか、また国連で採択されたものがどのようであるのかはおよそわかるが、それをESDと理解してよいのかということになると、そうはいかない。Sustainable Development（以下SDと略称する）のとらえかたが、千差万別といえるほど多くあり、国連や日本政府のものはその一つに過ぎないからである。

国内におけるSDの概念と語についていえば、英語に対する日本語訳はさまざまである。sustainableに対しては、「持続可能な」と「維持可能な」の二つがある。それとは別に、この語には「永久的な」という長期的な視点があるという考え方から、「永続的に」と和訳しているものもある。(6―1) developmentには「発展」と「開発」の二つの訳語がある。そしてsustainableとdevelopmentを組みあせることによって、さらにいくつもの訳語がある。またSDの考え方を否定して、それにかわって、「維持可能な社会」(Sustainable Society)というような異なる考え方とことばが生まれている。(6―2) このようなことから、どの和訳語を使うかによって、特定の考え方を提示することになるので、和訳語を使うことは、基礎論である本論としては適当ではない。

なぜこのような混乱がみられるのか。一般的なこととして、まず事実や、理論、想像、期待、予想・仮説といった虚構の内容が確認されて、それに対応して概念形成がされ、それに則した語句が生まれる。しかし、似通った、あるいは関連のある事実・虚構に対応して、あるいはその関連が対立関係となり、さまざまな概念が生まれてくるにもかかわらず、それらすべてに対して一つの語句を充当させると、こうした混乱が生まれる。和訳語だけでなく、原語のSDそのものにもさまざまな解釈があり、そのことも、この混乱に拍車をかけている。

SDとは、将来に対する期待についての概念であり、将来に向けてしなければならないことの目標を示したものである。その生まれから現在に至るまでの系譜を考えれば明らかなように、はじめは将来にわたっての自然保護、環境保全や資源枯渇防止という期待・目標として生まれた概念であったが、当然のことながら、それらと強く関係する経済活動や人々の生活のあり方にまで波及することになり、それら一つひとつについても、sustainable、developmentが考えられねばならない必要性が生じ、その過程でsustainableについてもdevelopmentについてもさまざまなとらえかたが生まれて、解釈が多岐にわたり混乱を招くことになったとみることができる。development をどう解釈するかだけでなく、何についての development かが問題となる。

sustainable については、先ほど紹介した維持にするか、持続にするか、あるいは永続にするかの対立以外には、目立った論争はないように思える。そこで、はじめに異論の多い development を中心とした検討を進める。development については、議論百出といってよいほど異なる論が多く、それらを一つに統一することには難しさが伴うが、基礎論としては、論点が明確になっているという点で好都合である。そののち、ＥＳＤと環境教育のちがいと関係を明確にするという手順で検討を進めていきたい。

そこでまず、ＳＤについての三つの論著と「環境と development に関するリオ宣言」（以下「リオ宣言」と略称する）とを手がかりに、そこでの論議がどのような視点から展開されているかを調べながら、ＥＳＤを考えるための視点を取り出してみたいと思う。具体的には、ＥＳＤのあり方を考えるための視点を明確にするために必要な鍵となる概念を抽出して、それを指標のかたちで設定するという作業を試みることにする。

二　森田・川島の「持続可能な発展論」を参考に development を考える

最初に、森田恒幸・川島康子「『持続可能な発展論』の現状と課題」[6-3]を手がかりにする。これは、一九九二年のブラジルの首都リオデジャネイロで開かれた地球環境サミット以前の、一九七九年から一九九二年までに発表された四一の個人ないし団体の「development」論を、生物の多様性など八つの概念を指標に類型化してとり上げている。

これら四一のdevelopment論が重点をおいた概念のなかで、もっとも多かったのは「天然資源の保全」で、半数をこえる二三の論者が重視していた。つづいて「南北間の公平性」が、一九の論者がとり上げている。それに対してもっとも少なかったのは、「生物多様性」の四論者だけで、しかもこのうち三つはIUCNなど公的な機関であった。そのつぎに少なかったのは「環境と経済の予見的な配慮」であった。

森田・川島は、これらのdevelopment論を三つに類型化している。一つは、生物多様性や環境容量、天然資源の保全を重視したもの、第二の類型は世代間の公平性を重視したものである。第三の類型は、社会的正義や生活の質を重視した、森田・川島のことばでいえば、前二つのものよりも「高次な」考え方である。

この二人による調査結果の中で、ESDを考える上で参考として注目したいのは、これら四一の論著を分析するのに指標として、森田・川島が採用した八つの概念である。これらはすべて「リオ宣言」などにもり込まれているものであり、ESDのあり方を考える上で鍵となる概念と判断して、一部表現のしかたを変え、指標とした（表6―1の6、7、19、20、22、24、27、28、29、50）。

「生物多様性」については、人間の立場から考えれば、新薬開発や育種など技術開発の面と環境保全の両面がある。「リオ宣言」の原則の一つになっている「地球生態系の健全性と多様性」の健全性は、「環境保全」から考えられたものであるが、「天然資源の保全」については、天然資源は採取すれば枯渇に向けて減少していく。採取、利用しながらそれを保全するとはどういうことなのか。「天然資源の枯渇防止」と考えるべきなのか。

森田・川島が論文中でとり上げている「社会、人権、文化などの価値、活動」については、それぞれが異なるカテゴリーに関するものであるから、分割してそれぞれを独立させた。また「予見的な配慮」や「経済成長」の「永続的な」は、sustainable の別の言い方と解釈して削除した。同様に、「経済と環境の予見的な配慮」を割愛した。このことと関連して、これら指標については、指標各個について検討するだけでなく、それらの相互関係を明らかにし、全体として総合的に考えることが必要である。またこれら一つひとつを同等にみるのではなく、森田・川島が類型化するにあたってみたように、ＳＤの観点からどの指標を重視するかという重み付けも必要である。

三　鶴見和子の「内発的発展論の系譜」を参考に development を考える

次に、鶴見和子の「内発的発展論の系譜」[6—4] から探し出すことにした。この論文も一九九二年以前のもので、最初に紹介されているシアズ（Dudley Seers）の development 観を参考にして、まず考えることにする。鶴見によれば、シアズは、一九六九年に「The Meaning of Development」[6—5] という論文の中で、development を〈**発展とは、すべての人間のパーソナリティの可能性を実現することを目標とし、貧困と失業とをなくし、所得配分と教育機会とを均等にすることである**〉[6—6] と定義している。一〇年後、シアズは、その再論でこれを修正している。鶴見は、〈**新しい要件が加えられた。自助（または自力更生）である。経済面では自給率を高め、文化面でも外国への依存をできるだけ少なくすることである**〉と紹介している。[6—7] これから、六項目の指標を設定した（表6—1の19、23、36、49）。

「36　個人とその社会的関係」を取り上げたのは、シアズは〈**すべての人間の……**〉というように言っ

表6—1　Education for Sustainable Development を考えるための指標

1	自然保護	自然保護
2	生物進化とその継続条件	自然保護
3	生物世界の多様性と複雑性	自然保護
4	野生世界保護	自然保護
5	生態系	自然保護
6	環境保全	環境保全
7	環境保全の生物的基礎	環境保全
8	地球環境問題	環境保全
9	公害・環境破壊（その海外輸出、企業倫理）	環境保全
10	ストック公害	環境保全
11	経済過程（原材料採取、生産、移動、消費、廃棄）と環境問題	環境保全
12	自然災害とその防御	環境保全
13	都市環境、農村環境、野生環境の相互関係	環境保全
14	快適な生活環境の追究	環境保全
15	大量生産・大量消費・大量廃棄と環境問題	環境保全
16	環境的公正さ	環境保全
17	人間の自己家畜化	環境保全
18	環境保全主体としての人間形成	環境保全
19	生活水準の向上と貧困の撲滅	経済の安定
20	経済成長・定常状態の経済	経済の安定
21	産業構造とその変動（農業、漁業）	経済の安定
22	天然資源とその人工的代替	経済の安定
23	所得配分の均等	経済の安定
24	社会的公正さ（社会正義）	社会的公正さ
25	共存のあり方（相互扶助、かかわることなく共存する）	社会的公正さ
26	世代間の公正性	社会的公正さ
27	発展途上国、最貧国対策	社会的公正さ
28	人権	社会的公正さ
29	先住民と少数民族	社会的公正さ
30	男女性	社会的公正さ
31	子ども（その人権、養育、教育などの機会均等）	社会的公正さ
32	青年	社会的公正さ
33	高齢者	社会的公正さ
34	障がい者	社会的公正さ
35	個人とその社会との関係（地域、国、世界全体）	社会的公正さ
36	地域（他地域との交流と連帯、自治と自立性、地域と国）	社会的公正さ
37	国（国民、国家、憲法、国内法）	社会的公正さ
38	国際関係（国連と各種機関、国際法、国際化）	社会的公正さ
39	政治・行政と NGO など市民参画	社会的公正さ
40	都市と農村	社会的公正さ
41	平和の維持	人間性の基礎
42	民主主義	人間性の基礎
43	思想・表現の自由	人間性の基礎
44	各種社会資本（福祉、医療、教育などの施設とサービス）	人間性の基礎
45	生きがいとしての労働	人間性の基礎
46	長時間労働の回避、失業の解消、十分な余暇	人間性の基礎
47	人口問題	人間性の基礎
48	幸福の追求と健康	人間性の基礎
49	個性ある人間性	人間性の基礎
50	文化とその多様性	人間性の基礎
51	科学と技術	人間性の基礎
52	戦争と武力紛争の撲滅	人間性の基礎
53	原子核と放射線の問題	人間性の基礎
54	人間の内発性	人間性の基礎

ているが、この場合の人間とは個々人のことと理解したからである。また、シアズは〈パーソナリティの可能性〉というように、developmentを単なる経済的な課題に限ることなく、広く人間のあり方の問題として考えている。

つぎに、鶴見が紹介しているタイのスラック・シワラクのdevelopmentとして重視している社会的公正[6―8]をとりあげて、追加した（表6―1の24）。

さらに、鶴見が「発展」を考える上で取り上げている、スウェーデンのハマーショルド財団が、一九七五年に開かれた第七回国連特別総会において提出した報告書『もう一つの発展』[6―9]から拾い上げて、加えた（表6―1の7、37）。

ハマーショルド財団のいう協働性については、地域住民相互の協働性と、地域間の協働性が考えられる。自然環境との調和をどうとらえるかは議論のあるところであるが、これを人為環境と対置させて考えれば、これは人間にとっての環境の生物的基盤の保全が考えられる。

鶴見が、その発展論の中で取り上げている諸論の中で、もう一つ重視すべきものとして玉野井芳郎の「地域論」がある。環境教育と地域、あるいは地域教育との関係は別の章で詳述しているので、ここでは説明を省くが、ＥＳＤのあり方を考える上で、地域は欠かせない課題である。

鶴見自身の「内発的発展」論についてもふれておかなければならない。これは、個人においては、他人との関係、あるいは社会との関係において、発展に主体的に（自立的・自律的に）取組み、実現させるものであり、地域においては他の地域との関係、国との関係における主体性（自主性）であり、発展をその内部からの必要性から考え、生み出すという考え方と理解した。それはまた、国については、他国との、あるいは世界全体との関係において、自国民の内部からの主体的な要求に基づく発展であるとみている。鶴見は、発展にとって内発性は不可欠のものとしてとらえ、内発的でないものは発展とはいわないとも言っていると私は理解した。また、経済的意味での内発性だけでなく、広く人間のありかたにおける内発性も考慮した（表6―1の54）。

四　リオ宣言から考える

一九九二年のブラジルのリオデジャネイロで開かれた地球環境サミットにおいて採択されたアジェンダ二一や、リオ宣言、森林原則声明、生物多様性保全条約の中で、理念が要約的に提示されていると思われる「リオ宣言」を手がかりとして考えた(6―10)。

「リオ宣言」は、短い前文と、〈**人類は、「維持可能な発展」実現に向けての真っ只中にある。人類は、自然と調和しつつ、健康でゆたかな生活を営む資格を有する**〉という、SDを考えるための基本原理と思われるものを示した「第一原則」など二七項にわたる原則（Principle）から成り立っている。この第一原則にある「自然との調和」も「健康でゆたかな生活を営む」ことも、表現のしかたはやや異なるが、これまでに指標としてとり上げている。第二原則から第七原則までに上げられている、資源確保、環境保全、世代間の公平性、生活水準の格差是正、開発途上国、最貧国、環境の影響を受けやすい国の特別な優先、地球生態系の健全性と完全性についての国際協調については、すでにとり上げた。

残りの第八原則から第二七原則までは、環境と開発についての国の取り組み、あるいは国と国との間の取り決めに関するものが主となっている。各国が環境法を制定することや環境悪化の影響に対する国家間の責任や賠償に関する国際法や、環境悪化が国境をこえた場合の問題、戦争・武力紛争における環境保護についての国際法のこと、戦争・紛争に関係して抑圧、支配、占領の下にある人々の環境や資源の保護などについてである。このことから新たな指標として、つぎのような、社会の重層構造に目を向けて検討するためのものが必要となる（表6―1の22、37、38、52）。

このほか注目すべきものとして、先住民や女性、青年と環境保全、開発との関係、平和と環境保全、発展との関係は、ＥＳＤの目的、目標を考えるための指標として考えねばならない。また第八原則にある適切な人口政策、第九原則にみられる科学的・技術的知見の交換、技術の開発、普及などの科学・技術についての指標も欠かせない。さらに基本的なものとして環境保全と発展・開発との関係も指標と重視すべきであろう。こうしたことから指標を設定してみた（表6―1の26、30、31、33、40、42、51、52）。

五　宮本憲一著『維持可能な社会に向かって』を参考に

次に宮本憲一による『維持可能な社会に向かって[6―11]』を検討して、参考にする。著者の宮本は、すでにふれたように、ＳＤそのものに強い疑問をもっている。それにかわるものとして「維持可能な社会に向けて」を提唱している。この書の「あとがき」から判断して英語名でいえば、“Towards a Sustainable Society”と私は理解した。これは、「ＥＳＤの目的、目標をどのように考えたらよいか」を考える上で重視したい。

その一つは、一九八〇年代の日本が「経済大国」になったのと引き換えに、日本病に陥ったという見方である。宮本のいう日本病とはつぎの五つである。

(a)長時間労働による余暇の貧困

(b)住宅の貧困

(c)公害・環境破壊が深刻

(d)社会資本（生活環境、福祉、医療、教育などの施設とサービス）の貧困

(e)空間の無計画な利用からくる都市と農村の双方の危機

まずこの現代日本の社会的な病を参考に、ＥＳＤの目的、目標をどのように考えたらよいかを考える上での指標を設定することにする。ここに上げられている病は、すべて人々の生活についてのものであり、日本は、人々の健康と生活を犠牲にして経済大国になったということになる。指標8と指標11として、大まかに設定しているが、具体的な個々についても視点として重要であると考え、指標として設定した（表6―1の9、14、41、45、46、47）。

また、この書のあとがきで引用されている都留重人の文を参考にした（表6―1の20）。「公害・環境破壊」については、この書の中にある、宮本の「複合的ストック公害」というとらえかたに注目したい（表6―1の10）。公害の複合的とは、原材料の採取・生産・流通・消費・廃棄の経済の全過程にわたって環境破壊・健康障害をひきおこす可能性があるということであり、環境問題を考えるには経済の全過程に注目しなければならないということである（表6―1の11）。ストック公害とは、〈廃棄物公害、さらに健康被害がすぐに発生しなくても、地球規模の環境破壊をひきおこす温暖化ガスやフロンガスのように歴

史的な蓄積性汚染として今後増大する公害である〉と、宮本は述べている(6—12)(宮本が取り上げているアスベスト公害のように、複合的ストック公害が、日本社会から消えていないというのは、日本の企業が、その経営にあたって、環境保全の視点から活動の隅々まで目を向けるという姿勢が確立していないことになる)。

第二に参考にすべきものとして、宮本のいうSustainable Societyがどのようなものか、つぎの具体的に示した五つの要件から考える必要がある。

(i)平和を維持する。とくに核戦争を防止する

(ii)環境と資源を保全・再生し、地球を、人間をふくむ多様な生態系の環境として維持・改善する

(iii)絶対的貧困を克服して、社会的経済的な不公正を除去する

(iv)民主主義を国際・国内的に確立する

(v)基本的人権と思想・表現の自由を達成し、多様な文化の共生をすすめる

これを受けて、さらに三つの指標を考えてみた(表6—1の43、44、53)。ESDを考えていくためには、これらの視点からそのあり方を検討しなければならないが、またこうした視点が必要かどうかということも、見きわめる必要がある。

六 ESDの教育的課題を考える指標

これらESDを考えるための指標の第一次案を基にしながら、さらに検討を加えて、たとえば、指標41の「平和の維持、戦争・武力紛争」のように、二つ以上の概念が合わさったものは分割し、また漏れ

ているものはこれらに追加し、表6―1のような54の項目からなる指標を試案として提示する。

54の指標は、「環境保全」などSDに関係した五つの課題にまとめた。この五つは、「人間性の確立」を究極の目標とするならば、その具体的な基盤となる「社会的公正さ」「環境保全」「経済の安定」と「自然保護」の相互関係からなっている。しかし、これら四つに分割できないものもある。たとえば、「人間性の基礎」の中の、「53　原子核と放射線の問題」は、国際関係の悪化を暴力的に解消するための手段として使用するという側面があり、「社会的公正」の課題にもなるし、原発は、「エネルギー産業」の問題であるから、「経済の安定」の課題にもなる。また原子核分裂・融合の連鎖反応は、人為的な条件づくりがされなければ、現在の地球上ではおこりえない物質変化であり、発生エネルギーの膨大さ、放射線の有害性の非常さからみれば、人間性の本質にかかわる問題であると判断して、ここに入れた。

また「自然保護」は、「環境保全」や、「天然資源の確保」という点で経済的な課題に注目すれば、「環境保全」の中の「7　環境保全の生物的基礎の確保」の中にふくまれるが、「天然資源」の確保という点からみれば「経済の安定」となる。それにもかかわらず「人間性の基礎」という項に入れたのは、そうしたこととは別に、自然そのものの自立的な発展を保障するという意味のものでもある。三八億年のこれまでの生物世界の進化的発展を、人類滅亡後を実現できる基盤をつくるという目標である。その意味で独立した目標の一つとした。

以上のような説明で明らかなように、五四の指標の相互の関係をみると、それぞれの指標は、SDについての、特定の領域についての視点に限定され、また具体的になっているものと、SDをとらえる包括的な視点となるものとが混在しており、なお検討の余地を残している。

七　sustainableをめぐって

sustainableに関する具体的なものはただ一つ「世代間の公平性」だけであった（ほかに「青年」「子ども」があるが、「青年」については、リオ宣言からのもので、世代交代というより、同時代の社会の一員として社会的になんらかの役割を果たしてもらうという期待が濃厚であって、次世代の人間である青年に対して、ＳＤについて社会的に何をするべきかという観点は希薄であった。「子ども」は筆者が設定したもので、これは、中内敏夫（6―13）による教育が世代交代の中の一コマであるという視点から、「世代間の公平性」を強く意識したものである）。

ＳＤについて、もっとも重要な意味をもっているのは、sustainableである。単なるdevelopmentであるならば、さほど重大な提案とはいえない。developmentがsustainableと結合して提案されたからこそ、重要な意味をもった歴史的な提案となったとみるべきだろう。現在のあり方を未来から考えるという視点が与えられた。そのsustainableの意味は、「将来に向けて」、あるいは「未来を見すえて」であり、その将来・未来に目を向けながら「今」をとらえ、何が課題かということを明らかにすることが基本となる。「未来」がどのようなものであるか、見きわめねばならないが、極めて難しい課題である。同様に「世代間の公平性」も重要であるが、明確にするには困難な問題が横たわっている。「自分たち現世代人と次世代人とを同等にみる」わけにはいかないからである。次世代の人たちは、自分たち現世代の人間とは異なる状況の中にあり、異なる能力を身につけ、異なる価値観をもち、何を志向するかもちがうということを前提にしなければならない。未来の「わからない時代」に向けて展望をもつという自覚が必要である。次世代の人たちが自分たちと同じ環境を享受することでも、同じだけの天然資源を確保しておくということでもない。同じ程度の経済成長を維持するということでもないはずである。先進国とその他の国との間の経済などさまざまな生活条件にみられる格差をそのまま受継ぐということでもない。現在と同じ失業率を、現在と同じくらいの過酷な労働を甘受することでもない。現在と同じように武力紛争を持続させるということでもない。むしろ自分たちの理解が及ばない世界、人間が、その生き方を自由に選択し、平和と幸福を追求できる「可能性」をもたせるというように考えるべきである。sustainableをこのように理解すると、それは、「世代間の公正性」というべきである。

八　環境教育とESD

そこで、ESDのあり方を考える上で、SDに提示されているsustainableを、世代間の公正性として、教育の課題として受けとめるかどうかを第一の基本的な検討課題としたい。

第二の検討課題は、環境問題と経済活動との関係についてである。SDの考えが一般的に広まる以前は、公害教育などでみられるように、環境破壊を伴わない経済活動であれば、経済活動そのものを問題視することは教育の中でもたれることはなかった。しかし、宮本のいう「ストック公害」の考え方や、大量生産・大量消費・大量廃棄そのものが環境破壊や資源枯渇を招くという考え方で明らかなように、局部的には、また短期間においては問題でなくても、長期にわたって広範に経済活動が進められれば、環境破壊となることが明らかになってきた。基本的な問題として、経済成長が今後も進行し、大量生産、大量消費、大量廃棄がさらに増大すれば、地球全体の自然としての状態に異変が生じる、あるいは地球生態系に、あるいは地域生態系に異変がおきる。そのことによって、人間にとっての環境に重大な破壊がおこることが明白になってきた。

第三の検討課題は、ＥＳＤを経済と環境問題の関係に関する教育に限定して考えるべきか、それとも広く人間のあり方全体を内容とする教育にするかという選択である。

ＳＤは、すでにふれたように、環境問題と天然資源の減少から経済のあり方が問われる中で、経済活動と人々の生活との関係に波及した。リオ宣言は、しかしその第五原則で生活水準の格差減少や、貧困の撲滅を掲げ、発展途上国や最貧国の特別な優遇を、活動目標としてそれだけにとどめていない。さらに、民主主義や、思想・表現の自由など社会的諸関係の公正性にまで、ＳＤの課題として考える人たちが多く現われてきた。経済的発展ととらえるか、さらに狭い問題である開発としてとらえるか。あるいはシアズのように〈すべての人間のパーソナリティの可能性を実現することを目標とし〉、〈貧困と失業とをなくし、所得配分と教育機会とを均等にすることである〉とするか。すでに紹介した「維持可能な社会をめざして」という宮本の考えは、社会全体のあり方として sustainable をみている一つである。これらは、明らかにＳＤにとっては重要な課題である。これを教育の問題としてどうとらえるかというのが、第三の検討課題である。リオ宣言の第六原則は、〈環境の影響を最も受けやすい国の特別な状況及び必要性に対して、特別の優先度が与えられなければならない〉と言っているが、それは自然的な特殊性によるものだけでなく、社会的な格差に由来するものもある。

ＥＳＤには、また教育のあり方を問い直す課題がある。将来に対する展望をもって、現在の生活のあり方を律するというような社会的課題を主題とした学習は、現代のような「教育」では対応できない。何よりも学ぶ主体である子どもの内発性が重要な意味をもつ。子どもの内発性を重視するとは、諸民[6―14]の「維持可能な社会に向けた」活動における内発性同様、子どもの生活に根ざすこと、子どもの知的感性を起点にすることが望まれる。そうした子どもの内発性に則するとは、子どもの知的感性を、社会のもっている人々の生き方と知的感性、それと人類がその歴史の中で身に付けた、生活体験と知的感性とを対峙させ、結合させるほかないとも考える。こうした学びの内発性との関係において education をどう進めるかは、ＥＳＤを考える場合の重要な検討課題となる。

環境教育とＥＳＤとは、互いにどのような関係にあるのか。この問いに明確な答えをだすために必要な、基盤となることを最後に検討することにする。

ＥＳＤのＳＤをせまくとって「環境保全と経済活動の調和をめざす」という社会的課題に教育的に応えるもの（これをＥＳＤ―1とする）であるとするならば、環境教育は、ＥＳＤ―1の中に組み込まれて消滅する。またさらに限定的なものとして、「持続可能な開発」（これをＥＳＤ―2とする）とすれば、環境教育は、それとは別のものとして存続することになる。環境破壊は、自然災害を防止すべきところを、それを怠った結果生まれたというようなことを除けば、経済活動の結果生まれるものであるから、環境保全は経済活動との関係が中心となる。環境教育にとって、経済活動は学習の主題ではないが、環境学習にとって必須の学習内容となる。経済活動も、現代のような状況の中では、環境保全が一つの留意すべきことになる。表6―1にみられる「環境容量内での生活」は、教育の課題としてはＥＳＤ―2のものであるが、開発教育（ＥＳＤ―2）は、環境保全が主題ではないが、学習指導内容として欠かせない。

しかし、環境保全と開発の両方を主題にした教育と、開発を主題にした教育の中で環境保全に目を向ける教育では大きなちがいがある。環境教育も、その前身の自然保護教育にしても公害教育にしても、経済活動にともなう自然破壊、環境破壊が発生して、その阻止という社会的運動の中で、住民の側の要請を受けて、企業活動のあり方、経済活動のあり方を問うところから生まれた。したがって、環境教育のあり方を考えるという問題意識からは、環境教育の代わりにＥＳＤ―２を選ぶということは現実的にはありえないことである。

ＥＳＤには、もう一つのものがある。それは、ＳＤをすべての人間行為に要求されることに対応したものととらえ、それに教育的に取り組むことである（ＥＳＤ―３とする）。具体的には、表６―１に示した視点のすべてについて対応する教育ということになる。しかし、これらすべてを受けとめるとすれば、教育全体がそれに対応しなければならなくなる。それはこれまでの教育のあり方を根本から問い直すことになる。ＥＳＤは全教育そのものになるといっても過言ではない。

しかし、この三つのＥＳＤはたがいに異なるが、このちがいは、教育にとっては見かけ上のことであって、かりにＥＳＤが環境と経済活動との関係だけに限定して目的、目標、内容を考えたとしても、表６―１に示した、他の自然的・社会的課題に対して、教育は目を向けないわけにはゆかない。そして、ＥＳＤとそれら他の教育領域との間には密接な関係が必要である。ＥＳＤがこれらすべての社会的な課題に応えるとすれば、環境と経済の関係に関する教育を、その中の一つの教育的な分科として位置づけ、他の教育活動との連携が必要となる。

第四の課題は、子どもたちの生活と人間の全体世界をつなぐ教育体系が必要になってくるということである。それは、ＳＤが人類全体から個々人に至るまでの、人間の行動、生活のあり方に関することであるとともに、行動指針のかたちをとって示されていることによって、人々は、自身の生活のあり方を、地球全体の環境問題や経済活動、あるいは社会的な諸関係との関係において制御しなければならない状況が生まれてきているからである。したがって、教育においても、子どもが自身の生活と人類全体の問題とを連繫させて学ぶということが必要となってくる。ＥＳＤの提案は、こうした個人・人間社会の将来に向けた展望を視野に入れている点で、教育全体に対する積極的な提案であると受け止めたい。

七章　「地域に根ざす」実践

地域は、子どもの学習からみると、子どもたちの生活の本拠であるということが重要な意味を持つ。子どもが実際に見、たしかめ、はたらきかけ、その反応が直接に子どもにかえってくるものとしては、もっとも広く複雑な世界である。それは、さまざまなことが相互に関係しながら、子どもとつながりのある世界となっている。国など地域をこえるより大きな世界も、子どもたちはかかわっているが、実際には、その一部しか、あるいは一時的にしか接することができず、また書物や映像を通じてしか知ることができない。その意味では、地域をこえた世界は、子どもにとって間接的な世界である。

その地域とは、子どもを取り巻くある範囲内の地理的な場所というだけではない。宮原誠一がいうように、⑴〈**あたえられてそこにあるものではなく、住民の連帯によってつくりだされなければならないものであり**〉、〈**地域が地域としての個性と意志をもつこと、そうであることによって、地域が地域としての主体性をもって行動すること、そういう内包をもつ**〉、希望をふくんだ現実の世界である。だから地域は、子どもの学習に欠かせない対象であり、環境である。学校は、子どもの学習にあたって、子どもと地域とを隔絶することなく、積極的にかかわる機会を用意しなければならない。むしろ学校は地域と共同で子どもの学習の支援にあたり、また父母・保護者とともに地域の助成を受けて、地域とともに教育にあたるべきである。と同時に子ども・若者の学習を通じて、地域再生実現の糸口を見つける可能性をふくんでいる。

宮原誠一　地域の再生と地域研究の一、二の視点『国民教育研究』No三六、一九六六年

一　鈴木生氣の茨城県久慈小学校における「地域に根ざす」授業計画・実践

これから、一九七〇年代の鈴木生氣(7―1)の久慈小学校における社会科の地域に根ざした、授業実践と授業計画について、地域学習指導の観点から検討する。鈴木は、自身の小学校における教育の研究と実践のあとを、表9―1のように四つに時代区分している。(7―2)(7―3)これで明らかなように、第二期から地域学習指導に強い関心をもって、その研究と実践に取り組んだ。この内、第二期の三つの授業実践と授業計画案「久慈の下水」、それに研究協力者として参画して第四期の長倉小学校の教育実践について紹介し、地域指導のあり方を考えることにする。

◈授業実践「うおをとる」にみられる地域性

鈴木は、一九七三年に久慈小学校に転勤して、二年生社会科の、「うおをとる」という授業を実践した。これは、鈴木の最初の「地域に根ざした社会科」の授業であり、鈴木自身によれば前年にかかわった黒

子小学校統廃合反対運動の支援活動に参加したことが重要な契機になった。[7―4]

その二年生の「うおをとる」授業は、魚の種類、生息場所のちがいと捕える道具のちがいの関係を中心にして展開された。これは、漁獲活動についての学習が具体的な主題となっている。道具はそれを操る人間がおり、道具と採取対象との関係において人間主体のありように、子どもたちが目を向けることになり、その思考過程のなかにとりこまれ、知的連関のなかで理解され、知識・考え方として定着したようである。

この授業は、人々が働くということがどのように展開されているかを具体的に学ばせるところにねらいがあり、その中で労働と労働手段、労働対象の三つの相互関係において成り立っているという労働過程を課題とした授業であった。漁業という生業、産業の中の、漁師が実際に魚を捕獲する場面の中のもっとも核心となるところをとらえさせようとしたものである。授業の主題は「うおをとる」という一般的なものであり、題名だけでは、遊びとしての魚釣りなのか、生業としての「漁業」なのかもわからない。久慈という地域名が出ていないから、地域学習指導なのかどうかも不明である。しかし、授業は、一般的な、あるいは抽象的な「うおをとる」ではなく、(1)子どもの家庭での食卓の魚料理の食材、(2)魚店の見学が導入としてあり、(3)船の構造・形、船上での魚獲りを実際に見学して学んでいる。久慈における家庭の食生活からその背景にある漁獲という労働の過程を学んでいるのだ。

「指導にあたって地域について学習することを意識化させている」ものなのか、あるいは「指導にあたって地域についてふれながらも、学習することを意識化させていない」実践なのか、判断に迷う。鈴木のいう「地域に根ざす」ということがどのようなことを意味しているのか、この授業実践の場合、理解しがたいところがある。この難問の発生の原因は、鈴木がこの授業計画を立てるにあたって、目的を三

表７—１　鈴木生氣の自身による小学校教育の研究と実践の課程の時代区分

第１期　自然の法則に着目する自然地理教育実践時代（1961-1972、河原子小学校）
1965　世界の気候（５年）
第２期　教育をする側に立つ地域とともに創る、地域に根ざす教育実践時代（1973-1977、久慈小学校）
1973　うおをとる（２年）
1973　パン工場にはたらくおじさん（２年）
1974　久慈の漁業（５年）
1974　久慈の下水（授業計画・３年）
1975　世界の国々（６年）
1976　いさばや（３年）
1977　川口港から外港へ（４年）
1977　茨城の地形（４年）
第３期　異質なものがたがいに支えあう、人間関係を探る教育実践の時代（1978-1981、久慈小学校）
1978　学校たんけん（１年）
1979　くじ町絵図つくり（１年）
1979　生きている久慈町（３年）
1981　いろいろな土地のくらし（４年）
1981　自動車工業（５年）
第４期　長倉小学校実践「地域とともにつくる子どもたち」時代（2002-2003、全学年、維持可能な社会＜地域＞）
１年　レッツトライ！ごぜんやままつり
２年　つくろう「からむし＆ひつじ」から
３年　三王山のゆずから見える世界
４年　長倉の昔通り
５年　長倉を変えてきた自動車
６年　戦争の中の長倉

つ考えていたことにある。その一つは、子どもにとって見えるものを徹底的に追究させようというもの。第二は、労働過程の学習である。そして第三のこととして、地域に根ざす学習指導である。

◆授業「久慈の漁業」にみられる地域性

久慈小学校に転任して二年目の一九七四年、鈴木は、この後紹介する「久慈の下水」の授業計画立案にかかわるとともに、五年生の授業「久慈の漁業」を実践した。ここで、鈴木の社会科教育創造のための基礎理論が授業実践によって裏打ちされて確固たるものになったとみている。鈴木の地域学習指導にも大きな飛躍をみせた。授業「久慈の漁業」は単なる産業学習指導ではなく、子どもたちの自地域の産業学習の指導となった。久慈という地域における漁業と他の産業との関係が基盤になっているからである。「久慈」という地域が学習の明確な主題となっている。「うおをとる」にあった、「地域に根ざす」にみられる曖昧さが払拭されている。

この授業の一次から四次までの流れは、一次、二次の実地見学・調査が第一段階で、久慈の漁業を知るための基礎づくりがされている。二次の実地調査では、地域民との交流により多くのことを学んでいる。三次の資料の検討と討論で、基本が形成され、四次のレポート作成によって、それぞれの子どもがそれぞれの方法によって、この授業の目標に到達するというように展開されたとみることができる。

鈴木自身のことば(7―5)を借りるならば、〈産業構造を規定する自然資源・生産用具・協働労働の三つの要素から久慈の漁業を調べ、その変貌を工業との関係からおさえることによって、日立ひいては日本の産業構造の特質を明らかにすることに重点をおくことによって、⑴現代日本の産業構造の特質を、その変動の中にとらえる、⑵現代日本の産業構造の特質を、久慈の漁業に固執することでとらえる、⑶久慈の漁業を、自然資源・生産用具・協働労働からとらえるという意味あいをこめていた〉となる。

この授業の主題は、産業・経済・生活にみられる基本法則を、具体的な事象の中に確かめて学ぶということと、地域の具体的な事象を、基本法則を手がかりにしてとらえることになり、ともに産業・経済・生活にみられる一般法則と地域における個別的特殊性の両方を学びとることになる。しかし、重点のおきかたによって授業の主題はまったく異なるものとなる。前者は一般法則をとらえることが主題となり、後者は地域をとらえることが主題となる。鈴木は、先の引用文にある⑴〜⑶は、一見並列的に掲げられているように見えるが、実は、⑶を目標とし、⑴、⑵は、そこに到達するための基礎・基本に位置づけているともとらえることができ、そうだとすれば、「久慈の漁業」は、その題名のとおり「久慈」という地域を学ぶことが主題となっているとみることができる。

授業の、地域学習指導としての具体的な特徴に目を向けると、子どもたちの話し合いによる学習の記録からもわかることであるが、[7-6] 上で紹介した計画に沿いながら、討議は、産業構造の変化から人々の生活の変化へ及び、漁業の衰退を工業の興隆と関係付けながら学んでいる。地域における生活と経済との関係に進み、地域における人間と自然・環境とのかかわりや、不十分ではあるが地域のさまざまな事象の自然性と社会性との関係にも目を向けている。そして、自港水揚げと他港水揚げなどにふれながら、日本国内の他地域との比較、相互関係に注目している。産業構造の変動では、地域と国の相互関係に注目している。合わせて、地域内のさまざまなことがらの相互関係に注目して地域の全体に目を向けさせている。歴史的視点を重視し、そのことが重要な基本づくりに大きな役割を果したと、私はみた。また将来に対する明確な展望を描き出すというところまで学習は進展していないが、現在の久慈の漁業の将来に向けての課題に目を向けながら、展望することを意識させている授業となった。

◆授業計画案「久慈の下水」にみられる地域性

地域学習指導としては、授業「うおをとる」と授業「久慈の漁業」との間には、飛躍的な発展があった。それは、授業「うおをとる」についての実践と研究からだけでは実現できなかったのではないかと、私はみている。授業研究という点からみると、その間に重要な授業実践なり研究があって、それが介することによって、この飛躍を助成したものがあった。その役割を果たしたのが、これから検討する授業計画「久慈の下水」の立案であったと考える。

転勤して二年目の鈴木が授業「久慈の漁業」を実践した一九七四年に、久慈小学校は、日立市教育研究会の要請を受けて、三年生の単元「くらしのくふう」を研究テーマとする学習指導研究推進校に指定された。鈴木らは「久慈の下水」を授業テーマにして、郷土クラブの研究調査とその成果を基礎に教材の組織化に取り組んだ。

郷土クラブの調査によれば、久慈地区を流れる瀬上川の汚濁の原因は、家庭廃水が側溝を通じて川に流れ込んでいることであった。川の上流部は、その周辺の住宅地では川に排水することがないので、汚濁の程度は低い。それに対して下流部の県営アパート域では川に排水し、汚濁がひどかった。また瀬上川流域は、かつては農村地帯であり、大雨の時にはしばしば洪水があり、住宅地ではその対策がとられていたこと、その後農業の衰退と工業の興隆で農地は住宅地に変わるなど都市化していった歴史的経緯も明らかにできた。他方、鈴木は、住民の意識を重視した。久慈の住民は川の汚染をどう考えているのか、下水道を整備して瀬上川の水がきれいになることを望んでいるのではないかと予想を立て、調査に取り組んだ。

この授業計画は、「瀬上川の汚濁—家庭用排水—農地の宅地への転用—農業部門の没落—漁農業兼業から漁業専業へ—産業構造の変化、そして住民生活・意識の変貌」という流れの中で学ばせるという骨格から成り立っている。この時期に鈴木自身がめざしたものは、明らかに社会科教育の改革であり、その中核となる労働過程と産業構造という社会の基本となるものを、小学生にとらえさせようとしたところにあったと推察する。ところが、この授業計画は、一般的な法則性は特殊な地域にも貫徹しているという考え方と、「地域にねざす」授業という考えとが結びついて、産業構造の変動と地域経済の変化を背景に、その中で発生した一つの出来事としての久慈の「下水問題」を学ばせるものとなった。

この指導の変化を生み出したものは何か。想像するところ、久慈における「下水問題」から河川水質保全という、地域の具体的な環境保全へと授業の主題が移動していったことにあると見ている。(a)「河川水質汚濁」という環境問題、(b)「久慈」という地域、それに鈴木自身が重視した、(c)「産業構造の変動と人々の生活」にみられる社会科学の基本法則の三つが、それぞれほぼ同等の重みをもった、三重構造をもった構想から始まったが、それに「住民生活・意識の変貌」の構想が加わり、この授業計画の主題は、「(a)河川水質汚濁という環境問題」、(b)「久慈という地域にねざす」が結合して「久慈の下水施設の改善と、河川の水質再生」となり、そのことによって指導の重点が逆転した。計画は、(1)久慈地域の河川水質汚濁問題、(2)その要因「産業構造の変動と人々の生活の変化をつきとめる」で終わることにならず、(3)久慈地域の下水システムの改善と河川水質再生が加わり、三つの段階を踏んで、指導が展開できるようにした。

この授業計画案は、地域経済と地域民の生活の実態をとらえさせるという段階をふまえながらそれをこえた。河川の水質汚濁の原因をつきとめる授業へと進み、さらに、その原因である家庭廃水を川に流すことをやめれば、水質汚濁がなくなって環境が再生すると予測した。それをもとに、下水道整備という社会資本の充実を提案して、授業を終結させようと考えた。久慈における社会的課題である「地域環境保全」の実現を目標に、子どもたちが「環境保全主体」と「地域創生主体」を結合させた「地域環境保全主体」になることを目標にした授業計画となった。これが「久慈の漁業」における主題が地域になった原動力と、私はみている。

◆授業「川口港から外港へ」の地域性

鈴木は、一九七七年に四年生の社会科の授業として久慈における漁業を中核とした労働過程と産業構造、その変化を主題とした授業を実践した。授業「川口港から外港へ」である。

川口港は、久慈川の河口にあった漁港である。日立製作所の拡大に伴って工業用の日立港の造成のために久慈川流路が変更され、一方大型漁船用の漁港が必要となって外港がつくられ、川口港は廃港となり、廃船などの溜まり場と化した。「川口港から外港へ」とは、沿岸漁業から遠洋漁業への転換と、工業の隆盛と農業の衰退、漁農兼業から漁業専業、あるいは転業など、久慈地方の環境変化、人々の生活の変化と産業構造の変動がたがいに強く関係した変化である。それは、授業実践「久慈の漁業」と授業計画「久慈の下水」同様、「久慈」という地域が主題となった指導であり、さらに、地域再生を視野に入れた学習指導にもなっている。

この授業が実践された一九七七年というのは、鈴木の最初の「うおをとる」の授業から四年目にあたる。三つの授業の中では授業展開としてはもっとも充実し発展したものである。この授業は、地域を学習環境にして、地域の現実を学ぶ対象にし、さらには地域民から直接学ぶということが重視された授業実践である。さらには学習成果を父母や地域民に報告することによって学び、その中で学んだことを検証し、学びをさらに発展させるという関係をもって学習が指導されていた。これらを学習の進展にそってみるならば、屋上からの鳥瞰、漁港へ出ての実地見学、グループに分かれての調査活動、見学・調査によって得た結果を整理しまとめる、発表と討論、最後のまとめという系統性が明確にされている。「地域住民の地域産業の振興、地域開発の願いをつきとめる」から「漁民の願いをうらぎる工業化」へと進んだ。さらに、その系統性は、具体的には、「外港をつくらざるを得なかった必然性と、自然条件、社会条件からとらえたあと」、「住民の立場からの評価」へとつながり、地域再生学習指導の萌芽を生み出した。それは、子どもの途中の、あるいは最後のまとめとしての作文の中に、子どもの願いとして描かれていることによって確認することができる。[7-7]

二　茨城県「長倉小学校実践」における地域性

◆長倉小[7-8]二〇〇二・二〇〇三実践とは

長倉小学校は、茨城県東茨城郡教育研究会より二〇〇二、二〇〇三年度の「社会科研究」の指定を受けたのを機会に、「地域をともにつくる」実践をめざして教育研究・実践（以下、「長倉小二〇〇二・二〇〇三実践」という）に取り組んだ。ここでは、出版された報告書[7−9]をテキストに、その研究と実践のあとを分析する。

この研究・実践は、学校主導のもとで、教育研究者、地域研究者を共同研究者として迎え、学校と地域が共同して進められた。鈴木正氣は、教育研究者としてこれに参画した。

長倉小学校では、研究と実践を始めるにあたって、子どもたちをどのような人間に育てるかということについて、**〈地域に育ち、知的好奇心にあふれ、地域の「もの・人」と豊かにかかわって、自分たちの望む学校・地域生活を創出できる子どもをめざして〉**という目標を掲げた。こうした目標を掲げるに至った問題意識を、当時の校長であった大木勝司のことばを、筆者なりに拾い上げ、つなぎ合わせてみるとつぎのようものである。

地域民は、活気のない小さな村のなかで、生活に誇りも郷土愛も失い、自尊心までも失っている。地域の実態はそれに照合している。保護者によれば、子どもたちは、良質な自然環境に恵まれながら、魚釣りや山遊びをする者が少なく、テレビゲームや室内遊びをすることが多い。人間関係が固定化して周囲の動きや考えに左右されやすく、自己肯定感に低下の傾向がみられる。素直であるが、たくましさがない。三世代家族にみられる祖父母と父母の意識格差が子どもへ影響している。そのような閉塞状態から脱却し、地域民も子どもも、財貨と価値等を生み出す・創り出す立場・生産と消費をつなぎ生活者としての立場にたって、主体的に判断できるようになるためには、地域を創造することが必要である。

授業づくりの視点として、子どもたちの発達課題を考慮し、「むらづくり」の観点にたって、地域社会から教材として切り取る（地域の教材化）と、その学習対象と対面し（教材との出会い）、ねらいに沿った体験活動による事実追究を進め、共有された課題に向かって話し合い活動によって意味追究を図る単元を構成した。

現在の地域を形成した歴史に学ぶ授業では、村に残る歴史的遺産と、村で起こった歴史的な出来事、村に伝わる伝統的行事や風習に着目して、四年生には「長倉の昔通り」を、五年生には「長倉を変えてきた自動車」を、六年生には「戦争の中の長倉」という学習指導課題を設定した。また、新しい地域をつくるための出発点としての意味をもっているものとしては、陶芸家や染織家などの新住民の活動と地域の特産品づくりに取り組んでいる人たち、ごぜんまつりなどの新たな動きに着目して、一年生には「レッツトライ！ごぜんやままつり」、二年生には「つくろう　からむしとひつじから」、三年生には「三王山のゆずから見える世界」を指導課題とした。五年生の「長倉を変えてきた自動車」もこの角度から位置づけをした。

◆四年生「長倉の昔通り」と五年生「長倉を変えてきた自動車」の実践

四年生の学習指導課題となった「長倉の昔通り」とは長倉の宿通りのことである。この道路の両側は、今では「シャッター通り」といわれかねないような寂しいものになっているが、日本の高度経済成長期には旅館、葉たばこの収納所、銀行、酒店と酒蔵、呉服店などが軒を並べてにぎわっていた。その五〇年ほど前の街の繁栄のあとを、子どもたちは調べ、なぜ今とちがって栄えたかを考えるという授業に取り組んだ。街に出て調べたことは絵地図にまとめ、寺の住職やかつての映画館の経営者、銀行員などから聞き取り調査をしながら、事実追究を進めた。そしてそれをもとにして「なぜそのように街は繁栄したのか」という理由、原因を明らかにする、話し合いによる「意味追究」へと学習は進展した。

しかし、この授業は過去の一時期の事実とその背景をとらえるのに留まり、高度経済成長期からその後の現在みられる街の衰退とその原因に至るまでの歴史を学ぶところまでは進行しなかった。それはつぎの五年生になってからの「長倉を変えてきた自動車」の授業に引き継がれて完結した。

◆六年生「戦争の中の長倉」

「長倉地区戦没殉職者芳名碑」によれば、長倉では一四六人がアジア太平洋戦争で亡くなっている。子どもの中には、この数字を知って、長倉で戦争があったと考えるものがいた。そうでなければ、これほど多人数の人が亡くなるはずはないというのが理由であった。「戦争の中の長倉」の授業は、戦争についての簡単な話し合いの後、この碑を見ることから始まった。戦没者の遺族や生還者を捜し当て、聞き取りによる学習を行なった。そこからアジア太平洋戦争がどのようなものであったかを、戦争に関係した人の立場からと、資料を調べることからの二通りの方法で概要をつかんだ。子どもたちは、どこか遠いところの話としての戦争ではなく、地域の人たちにとって、生命にかかわる切実な問題であることを実感しながら学びとった。

◆一年生「レッツトライ！ごぜんまつり」

学校がある御前山村には、古くから伝わる祭りや産業祭りのほか、商工会主催の地域活性化のためのものなどさまざまな祭りがある。「ごぜんやままつり」はその一つで、書画・写真・陶芸などの文化展、中学校吹奏楽部や野田和太鼓愛好会の演奏、よさこい踊りなどの文化活動の発表、特産品の販売、農機具などの展示、郵便利用・福祉の普及活動、各種模擬店などが市民センターを中心とした広場一帯を利用して開催される。

そこへ一年生が参加することになった。陶芸家の指導を受けて「御前山焼き」を制作し、販売することになった。「売れるものをつくる」「値段のつけ方」「売るための工夫」など相談しながら方針を決めて参加した。最後に売上金の一部を村の社会福祉協議会に寄付した。

◆二年生「つくろう　からむし&ひつじ」から

カラムシは、御前山村では、那珂川など川の土手に植えられて崩れるのを防いでいた。戦争中は、からむし織りにして供出したという歴史がある。

二年生が、他所から移り住んできた染織家に指導されて、カラムシ[7–10]を繊維にして布を織り、草木染めに取り組んだ。またこれも移住してきた陶芸家から羊毛をいただき、指導を受けてフェルトをつくった。この授業で、子どもたちは、ものづくりの技能・技術を身に付けながら、また地域の人たちとの交流を深めることとなった。

◆三年生「三王山のゆずから見える世界」

長倉小学校の北側に位置する三王山の頂上付近には、ゆず畑が広がっている。二〇年ほど前に当時の村長の発案で、ゆずの生産振興に力を入れ、村の特産品にすることを考え、大規模の植栽をして生まれたものである。三年生の子どもたちは、ゆず製品を試食したあと、ゆずの木や家庭でのゆずを利用した食品づくりなどを聞き取り、資料やインターネットを利用して調べた。また村のゆず部会の会長に話を聞き、ゆずの生産、加工、販売の過程について学んだ。

ゆず部会と関係が深い障害者支援施設である「慈雍厚生園」も品質のよいゆずである「多田錦」という品種を栽培していることがわかった。村役場にも行って、ゆず栽培をするようになった経緯や現状について、ゆずがなぜ村の木になっているか、現在の村長はゆず栽培についてどう考えているかを聞いた。温泉保養施設の「四季彩館」では、なぜゆず製品を取り扱っているか、原料のゆずをどう調達しているか、どこでつくって販売ルートはどうか、四季彩館に勤めている人たちはゆず製品をどう思っているか、ゆず製品の評判について聞いた。そして、国道や三王山を訪れる人たちに、この地域にはゆず畑があること、ゴミを捨てたり水や空気を汚さないでほしいことを書いた看板をつくったり、ゆずの特徴や調理法、ゆず畑に案内する「ゆずマップ」を内容とするパンフレットをつくった。

◆地域学習指導としての「長倉小二〇〇二・二〇〇三実践」を分析する

六学年にまたがる「長倉小二〇〇二・二〇〇三実践」は、それぞれ特色があり、相互の関係に神経の行き届いたものとなり、全体として多様性に富んだものとなっている。いずれも、採られていた学習形態は、現実の地域を学習環境とし、地域民との交流を通じて学び取っている。また低学年での地域の未来につながる今を探す学習では、地域の村おこしの行事に参加して学ぶという方法を採用している。またこうした子どもの学習を、学校の教職員のほか、教育学などの専門家の支援・助成を受けていることから、学問の成果を指導にあたって取り入れながら、また、子どもや地域民の生活の中でえた知識や考え方と結合させながら学ばせている。

地域学習指導という視点から、まずそれぞれの基本となる特徴をとらえると、六年生の「戦争の中の長倉」地域についての学習とその他の地域を主題とした学習指導に分けられる。「戦争の中の長倉」は、主題は戦争であって、「長倉」という自地域ではなかった。その他の一年生から五年生までの学習指導は地域を主題にしており、「地域学習指導」とみることができる。

六年生の「戦争の中の長倉」は戦争学習であり、子どもたちは大事なことを学んだ。地域に意識的に目をむけさせたことによって、学習した当時、終戦から六〇年近く経っていたが、昔のできごとである戦争と子どもたちの間の距離を縮めて、子どもたちは学習の当事者意識を強めながら学習を展開することになった。子どもたちは戦争を現実味のある出来事ととらえられた。

しかし、この授業実践は、表題の「戦争の中の長倉」にはならなかった。

地域学習の一環として戦争を学ばせるのであるならば、戦争によって地域の人々のいのちが奪われ、地域の生活、社会と自然がどのように変えられたか、そのことが戦後の今日までの地域の歴史にどのような影響を及ぼしたかという視点からの学習指導が考えられねばならないのではないか。

四年生の「長倉の昔通り」と五年生の「長倉を変えてきた自動車」は、地域の人々の生活と産業を主題とした地域学習指導そのものである。どちらも地域固有の基本課題にとりくんでおり、学びにあたって地域の将来に向けての課題を明らかにしながら、展望することを意識させている。またそのことと関連して、長倉の現在が形成された歴史的過程をとらえる学習になり、地域歴史教育であることがわかる。もし一つのものにして課題名をつけるならば「長倉の繁栄と衰退」となるだろう。

そして、学習指導課題を「長倉の繁栄と衰退」とすれば、学習全体が大きく変わる。学習の目は、長倉全体に及ぶはずである。主題は「長倉の人々の生活と地域産業の変貌」となるだろう。この二つの授業実践は、地域のさまざまな面に学習の目を向け、それらの間の相互関係を重視した、総合的な学習へ発展する可能性がみられる。

一年生の「ごぜんやままつり」、二年生の「からむし&ひつじから」と三年生の「三王山のゆずから見える世界」の三つは、地域経済振興を軸に、人々の生活、地域の文化、歴史、福祉など地域の営みを相互に結び付けて、地域を総合的に学び、地域創生を現実のものにするという「地域総合学習」の構想が感じられる。一年生と二年生のものは、地域経済と文化活動の結合、三年生のものは経済と福祉、観光の結びつきが中心となっている。また一年生と二年生の実践は、他地域から移住してきた新住民と旧住民の結び付きに目を向けさせた。地域に新たな文化を開花させている、三年生のものでは村の行政と経済の結びつけた学習指導という側面が感じられる。

◆鈴木正氣における「地域に根ざす」の発展

鈴木は、久慈小学校における実践と研究によって、「地域に根ざす」を、「経済を主題とした学習指導」の中で「地域を意識化して学ばせる」指導から「地域を主題とする学習指導」へと発展させた。さらに、長倉小学校実践に参画することによって、二つの重要な進展をみせた。一つは、「地域に根ざす」が「地域認識」学習の指導から「地域再生の展望をもつ」学習の指導への変化である。

もう一つは、地域学習の形態について、「模擬本学び」の重要性に着目したことである（図7―1）。「本学び」とは、親や教師による教えを受けることなく、自立的に本格的に学ぶことをいう。それは、人間の一生続く学びであり、学校などでの教育の助けを受けての学び（教育的学び）は、この本学びを本格的に展開できるための準備ということになる。「模擬本学び」とは、本学びをまねた学びという意味であり、学びの機会だけ指導者から与えられ、学びにとって必要なすべてを、学ぶ者が自身で考え対応する場合の学びである。生活の中で学ばねばならない状況に遭遇したり、自分で学ぶきっかけ・機会を生み出したりすれば、本学びに転化できるものである。その意味で、学習形態として教育的学びから本学びへの橋渡しとなる。

長倉小学校の実践の場合、一・二・三年での三つの実践での子どもの学びは、「模擬本学び」の自然発生的学びに相当する。この三つの実践では、子どもは、地域住民の一人として地域の行事や地域再生事業に参加して、地域に対してなんらかの役割を果すというもので、子どもたちは意識的には学ばない。しかし、そうした地域活動に参加することによって、無意識のうちに学びが成立する。こうしたことは、成人においても普通のこととしてみられる。

いうまでもないことであるが、学校・教師が子どもたちをこうした地域行事等に参加させたねらいは、そのことによって大事な学びが実現することであり、そのために子どもが学びを意識しなくても、そこで学びが実現できれば、それは教育的学びの一つの形態である。かりに、もし教育的学びの実現を期待することなく、子どもたちを地域行事等に参加させたとすれば、それは単なる奉仕活動・子どもの労働力の搾取に加担したことなり、教育活動として認めることはできない（こうしたことは、明治期から今日に至るまで絶えることなくみられる）。

三　山形県大井沢小中学校の実践

◆はじめに

これから紹介する山形県大井沢小中学校の実践[7-11]（以下「大井沢学校実践」と略称する）は、教職員組合の教育研究集会や東北地方の各種の教育研究会で発表され、またその実践報告書『自然学習――大井沢小中学校の実践』[7-12]が出版されて、「自然学習」実践として全国的に広く知られているものである[7-13]。

しかし、大井沢学校の実践は、その総体をみると、地域の自然保護と地域のつくり直しをめざして多岐にわたるもので、「自然学習」の枠からはみ出たものであった。また、地域を知るという地域学習指導でもない。むしろ「地域再生運動」の中での学習とその指導というべきものだった。

「大井沢学校実践」を提唱し、指導的立場にあった佐藤喜太郎は、生まれ育った大井沢の小中学校に、校長として一九五一年に赴任した時、地域の自然保護と地域づくりとの関係で進める実践を、この学校の教育活動の中心にすることを構想としてもった。故郷の自然は、前年の一九五〇年に朝日連峰を中心に国立公園に指定されて、その自然の貴重さが認識されながらも、林野庁の原生ブナ林の伐採事業が急速に進行していることや、植物や河川などの魚類の乱獲があって、自然が大きく破壊されつつあることに危機感をもった。また大井沢の子どもたちがそこで生まれ育ちながらも、学校を卒業すると故郷を離れて、他地域にある高校に進学し就職する実態を知って、大井沢は、子どもが育つ場であっても、おとなが生活する場ではないという、地域として重大な問題をかかえていることを感じた。それに対して出した答えが、自然研究を中心とした地域の自然保護と地域再生を目ざした実践であった。それは、学校が地域の文化センター、あるいは地域おこしの中核となって活動を進め、それを通じて子どもたちが学ぶというものであったから、「自然学習」ではなく、「地域学習」とその指導というべきであろう。

◆大井沢学校実践の概要

一九五一年から一九七五年までの二五年間の「大井沢学校実践」は、その発展の節目に着目して時代区分するならば、つぎの四つになる(7—14)。

一　創始期（一九五一年度）
二　地域自然研究と地域産業技術開発の時期（一九五二年度〜一九五五年度）
三　へき地振興研究の時期（一九五六年〜一九六六年度）
四　地域研究の時期（一九六七年度〜一九七五年度）

最初の一九五一年度だけの単年度を創始期と呼ぶのは、以後の二五年間の「地域創生と地域の学習の結合の実践」の計画の基本がこの一年間ででき上がったからである（表7—2）。

大井沢小中学校の子どもと先生が最初に取り組んだのは、高山植物園の造成と標本室の設置であった。学校の敷地内の石ころを除き整地し、池や滝をつくり、そこへ、営林署には採集許可を得て、朝日連峰で調査しながら採取してきた植物を植えた。

父母や地域民からはクマやキツネなどの哺乳類の捕殺されたものが提供され、剥製作りに励み、校舎内の一室を利用して「郷土室」という名の標本室をつくった。

二年目になって、「郷土室」は、山形県社会教育課が博物館扱いにすることを決め、「公開月間」をつくるなど、標本を地域民に公開することを委嘱された。三年目にはイワナとマスの人工交配実験と人工孵化に取り組み、成功した。養魚池と孵化場がつくられた。四年目の一九五四（昭和二九）年には、「郷土室」が正式に県指定の博物館となった。またこれまでの自然研究の成果を校内の研究発表会で報告したり、収録して『峠の小鳥』という名の報告書を作成したりして、普及に役立てるとともに、これからの研究活動の展望、計画を立てる機会にすることとして、以後三年ごとに発行して研究活動の節目とした。

大井沢学校の自然研究は、研究の領域に対応して研究班をつくり、一九五六年の場合、鳥獣班、植物班、昆虫班、両生類班、地学班、気象班のほか栽茸班、養魚班、写真班があった。その後養蜂班、郷土班などが追加された。一九五三年の植物班の活動をみると、夏休みを利用して標高一三八〇ｍの天狗角力場で三泊四日の泊り込みの研究会をもっている。この年はトガクシショウマの研究、障子岳のスカシユリの研究などが発表されている。

一九五六年になって、大井沢中学校は、文部省によって全国へき地教育研究校に指定され、七月には全国へき地教育研究大会で研究発表した。一九五七年には食品加工室が、一九五八年には木工室がつくられた。

大井沢中学校は、「山間寒冷地に於ける産業教育」という研究課題に対して、つぎのような六つの具体的な研究課題を設定した。

表７－２　大井沢小中学校「自然学習」学習指導計画案

（1952年１月７日）

一、自然観研究の目標と運営方針

(一) 自然研究の目標

1、郷土に於ける事物現象を中心に観察、実験、調査及び飼育栽培を行ない、自然に親しみ、自然を理解し、自然の保護と利用につとめ、あわせて自然に感謝する態度を養う。

2、科学する態度の生活を図るとともに、科学を基礎とする生産教育を推進し、地域社会の振興を図る。

(二) 運営の方針

1、趣味と希望により班別編制を行ない、クラブ活動（小五以上）を主体として実施するも、その運営は、全職員、全児童生徒を一丸とする有機的な活動によって行なう。

2、研究と生活の一体化を図り、自主協同責任の態度を養成する

3、校内外の交歓学習、各班の提携により、社会性の陶冶及び経験領域の拡大を図る。

4、研究と管理の一体化。

5、幼学年の自然愛の態度を図るための研究を行なう。

6、年間、月間計画をたて、常に発展を喜びながら活動するように計画する。

7、地域社会との連絡提携協同を図る。

二、自然研究はこんなしくみで—機構図

学校長—自然研究運営委員会—庶務部、研究部。庶務部は管理、経理、渉外に当たる。研究部は、教育部、観察部、視聴覚部、生産部の四部に分かれている。

1、教育部

各種標本研究資料の管理活用。研究計画の立案。年、月行事の立案、研究用機材の準備管理活用。

研究法の指導整理発表の指導。職員研究の推進。教材研究。研究物の編集出版。報道。参観者の案内説明。

2、観察部

鳥類、哺乳類、両棲類、爬虫類、昆虫類、その他虫類。植物類。鉱物、化石、土壌類。天文気象関係。小動物飼育、魚類。

3、視聴覚部

写真関係。幻燈関係。録音関係。

4、生産部

養魚。養蜂。栽茸。その他。

三、自然研究はこんな目で、こんな心で

一、生物はみんな楽しく生きています。

一、生物は学習に尊い生命を捧げています。

一、何の目的もなく生物を苦しめないようにしましょう。

一、学習にいらない部分とよけいな数はとらないようにしましょう。

一、生物をよく理解しかわいがりましょう。

一　水田単作地帯の農業経営
二　適性畑作物の研究
三　動力機利用の営農
四　豊富な森林資源の利用（栽茸と加工、木工）
五　家畜飼育による多角経営の必要性
六　植林の普及と研究

また、学校が地域社会から遊離するのを避けるために、地域産業教育審議会を設置した。一九五八年一〇月の研究発表会では、機器の利用と生活改善、食品加工の経過と今後の課題について発表した。これには、耕耘機の普及も大きな役割を果たしていた。一二万八〇〇〇円という、当時としては破格な値段であった耕耘機を、学校が購入した（地区の三台のうちの一台）。

ナメコの栽培と加工の研究は、研究指定校になる前からの研究課題で、その技術の開発とともに地区ごとに少年団をつくって普及に努め、一九五九年には全地区がナメコ組合を結成し、ナメコの栽培と加工は、大井沢地区全域に普及し、河北文化賞を受賞した。このことは、それまでの「米作と製炭」の兼業により成り立っていた生計から、「米作とナメコ栽培」の兼業への転換が実現し、機器の操作などにより若者の発言権が強まったと言われている。

一九六〇年には学校の隣に「大井沢自然博物館」の新築落成が実現し、大井沢学校はさまざまな形で支援し、翌年には学校の標本を移動し、展示した。一九七一年には「郷土班」が設置された。地域研究活動は、郷土史、産業開発などの研究に発展がみられた。

この間、「全国へき地教育研究大会」での発表のほか、「理科研究大会」、あるいは日本教職員組合主催の教育研究全国集会などで研究成果を発表した。また河北文化賞受賞のほか、一九五五年の愛鳥校として農林大臣賞を受賞し、同じ年に読売教育賞、ソニー小学校理科教育賞などを受賞している。

その一方で、大井沢地区は、過疎化が進み、児童生徒、教職員の数が減少し、最多で一三あった研究班は、一九五八年には八班に、一九六七年には四班に減少し、小学校では、研究を専門的に分担して進める班活動が難しくなり、全生徒合同による研究活動となった。一九七一年には自然学習年間計画の整備が行なわれ、残った研究班は植物班と動物班、昆虫班となり、新設された郷土班を加えて四つとなった。養蜂、養魚、ナメコ栽培など生産に関係した研究班は姿を消した。

◆大井沢小中学校実践の特色

大井沢学校実践にはいくつか重要な特徴がみられる。その一つは、地域の自然保護活動としての自然調査研究活動に取り組んだこと、キノコ栽培の技術的な研究や実際の栽培の普及、あるいは淡水魚の養殖など地域再生活動を展開しながら、学んでいったことである。第二は、そうした地域再生活動を発展させるために、研究とそのための学習と、地域の人たちへ調査研究したことなどの報告を通し、普及を展開することによって、地域再生活動を学校活動にとどめず、地域住民全体のものに広げたことである。これは、地域活動の基本原則を守ったということができる。三番目に上げられるのは、そうした地域再生実践にしても学習にしても、自己検証システムを備えていたことである。三年に一度『峠の小鳥』の発行、研究発表会の開催などによって普及に努めながら、それを検証の場として、それまで進めてきた活動の後をふりかえり、計画を確かめたり変更したりした。第四は、そうした地域再生活動と学習が実際にできるように、組織体制を整えていたことである。

大井沢学校実践を学習指導の観点から見た場合、特徴として二つのことが挙げられる。一つは「模擬本学び」指導という形態をとったことである。自然保護・地域再生は学習の機会を提供した意味をもち、それに子どもたちが主体的に取り組むことによって学んだ。第二の特徴は、そうした地域民としての活動を通じて学んだという点で、自然発生的学びの実現であったということである。意識的には、学校が地域の文化センターとなり、その活動に取り組んだということである。しかし、いつの間にか学習が成立していたのである。

四　環境保全教育と地域再生教育

環境保全教育と地域再生教育とを混同する人はいない。しかし、地域における環境保全活動を主題にした「地域環境保全教育」について、それが環境保全教育なのか、地域再生教育なのか、判断に迷うことがある。この迷いを解決する方法は簡単である。その地域環境保全教育をふくむもっと大きな教育が何を主題としたものであるかをみれば明白となる。地域再生教育であるためには、地域再生を主題にした教育の中の一つとして環境保全教育を位置づける必要がある。地域住民のかかえている課題は、地域医療体制の確立や地域産業の振興など、地域に根ざした教育の実現などをめぐり多くの課題があり、それらと「地域の自立」を中心にして結び付けた時、地域の環境保全教育は地域再生教育へと発展する。それは、「地域環境学習」指導から「地域環境保全主体形成」指導へ、さらにそこから「地域再生主体形成」指導へ転化することができる。これについては、かつての公害教育でいえば、三つの典型を思い出すことができる。

その一つは、千葉市の大気汚染にかかわる「青空裁判」の教育である。企業の有毒物の排出によって地域の大気が汚染され、地域住民の多くが呼吸器系疾患などで苦しみ、死者も出た。これに対して裁判訴訟をおこし、公害再発防止と賠償をえて勝利和解した人たちの環境権行使の活動である。これに対して第二の例は、西淀川の大気汚染裁判を通じての地域住民の活動である。西淀川地域の住民は、原告を中心に賠償請求だけでなく、地域再生を目的とする運動に取り組むようになった。これは「地域自立権」の行使の教育となる。第三の典型は、三島・沼津における化学コンビナート建設計画反対の運動であり、害を受けることなく地域の環境を守った。こうした環境保全に取り組んだ地域住民の環境保全だけでなく、地域再生にまで目を向けることによって、地域環境保全学習は、地域再生学習へと発展する。そうした学習指導を構想としてもつ必要がある。

地域は、自然と社会の結合からなる人間世界の基本単位であり、単純なかたちではあるが、人間世界の基本がその中に貫かれており、地域を、子ども・若者の学習世界にすると、もっと総合的な学習が実現できる可能性をもっている。

これとは別に、地域環境保全教育は、環境保全教育の一環として位置づけることもできる。その環境保全教育とは、地域、国、世界を貫く、地球全体の環境保全を視野に入れた環境保全教育である。地域環境保全教育だけでは対応することのできない、教育的課題がそこにはある。

おわりに――環境教育と他の教育との関係

これまで、自然学習指導など四つの教育領域について、環境教育との混同を防ぐために、それぞれの独自性を環境教育との比較から明らかにしてきた。では、環境教育の独自性とはどのようなものか。それは、これまでの他領域の教育との比較と、序章で明らかにした環境教育の前身、環境教育の生みの親である『人間環境宣言』からの要請を考えれば明白である。それは、単なる環境の教育ではない。「環境保全教育」であり、もっと明確にするならば、子どもたちが「環境保全主体形成」になるための助成・支援ということができる。これは、第二部を終わるにあたっての第一のまとめである。

まとめの二つめの課題は、環境保全教育と他の教育領域との連携である。まず農業学習と環境保全学習との関係についてであるが、農作は、人間の、作物や田畑へのはたらきかけによって実現される。作物や田畑は、農業という産業における有用なものとして存在しているが、その有用性によって人間にとっての良質な環境となる。また作物は、その有用性とは別に植物として存在していることによって人間にとっての環境としての意味をもっているし、田畑も作物という植物の生育環境という意味で人間にとっての環境である。農業教育は、この二重の意味をもった環境とのかかわりの教育であるが、主題は食糧生産を中心とした社会的営みである。環境保全に重点をおいた場合が環境保全学習となる。これは、農業学習に限らず、すべての産業学習の指導に欠かせない視点である。このことは、第六章で触れたように、ＥＳＤと環境保全教育との関係においても、そのまま考慮しなければならないことである。

図７—１　環境学習（環境を主題とする学習）と他の領域の学習との連関

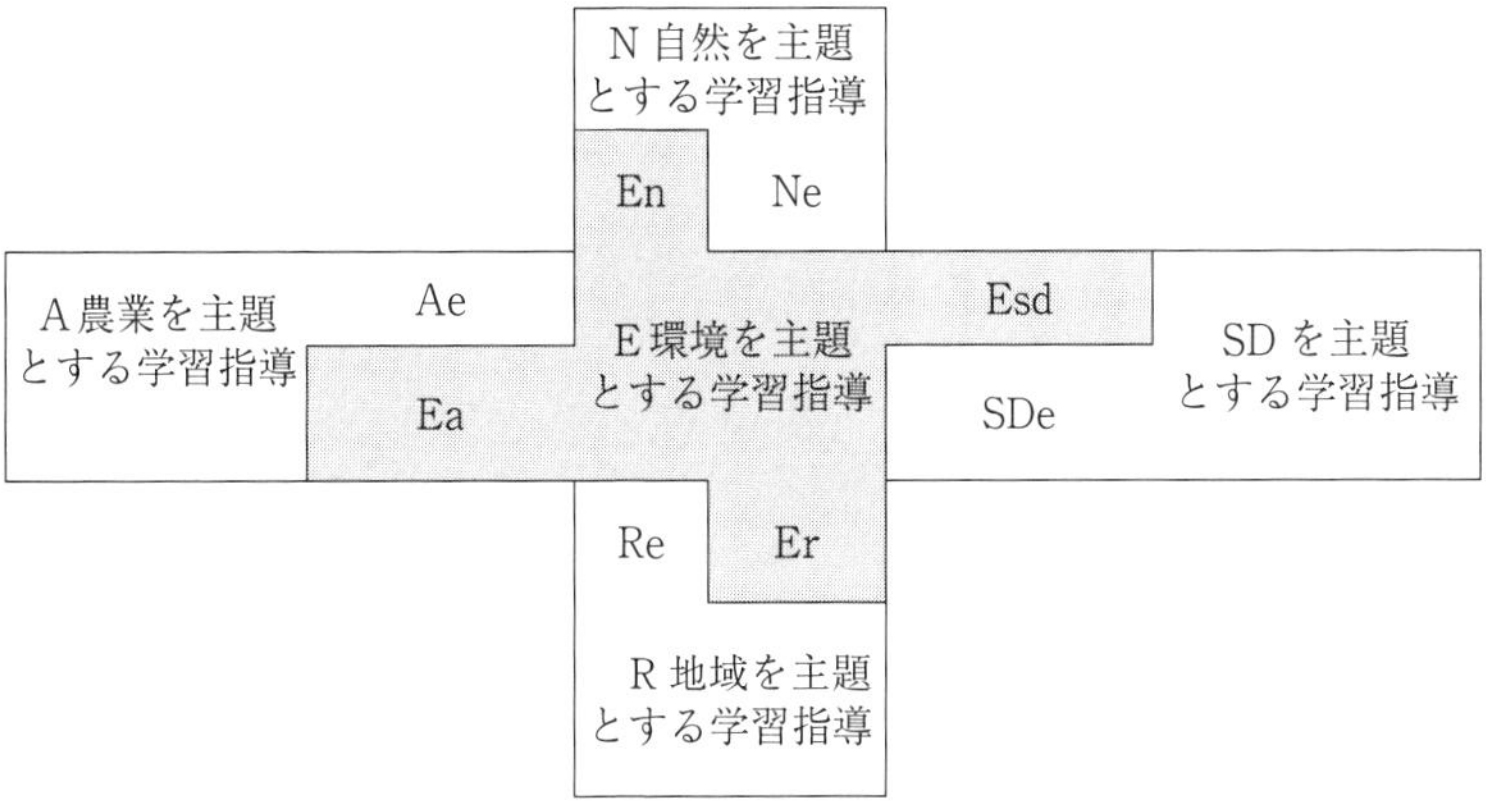

Ea：環境保全を主題とする学習の中での、農業についての学習指導
En：環境保全を主題とする学習の中での、自然についての学習指導
Esd：環境保全を主題とする学習の中での、SD についての学習指導
Er：環境保全を主題とする学習の中での、地域についての学習指導
Ne：自然を主題とする学習の中での、環境についての学習指導
Ae：農業を主題とする学習の中での、環境についての学習指導
Re：地域を主題とする学習の中での、環境についての学習指導
SDe：SD を主題とする学習の中での、環境についての学習指導

自然学習と環境保全学習との関係についてみると、自然学習では、人間の外的世界がそのものとしてどのように存在しているか（自然性）と、人間自身の基礎にある自然性が主題となるが、その中で「なぜ自然について知らねばならないのか」という問いに対しては、その自然が人間にとってどのような意味をもっているかが重要な課題となる。そしてまた、その外界は、人間にとっては生存のための環境条件という意味をもっている。自然学習では、自然への直接的なはたらきかけだけでなく、自然科学で明らかにされたことや、農業その他の産業活動、あるいは消費生活や芸術的な表現活動などを通じてえられた自然についての知識や考え方を基礎にして進められるよう指導されることになる。これらは、環境とは

何か、いかに保全するか、どのような自然が良質な環境となるか、環境といかにかかわれば、人間らしく生きていけるかといった、環境保全学習の主題と強く関係しているから、自然についての学習は、環境保全学習の重要な部分になる。人間にとっての環境として存在している外的世界は、またそのものとして、つまり自然として存在し、良質な環境を生み出すための外界へのはたらきかけは、その自然としての性質がわからなければ、目的は実現できない。環境保全教育も、主題ではないが、「環境」と「自然」との関係の学習を通じて、自然について学ぶことが不可欠である。以上のことを整理して、一つの図を描いてみると、図6―1のようになる。

同様に、地域教育と環境保全教育との関係をみると、地域における環境保全学習は地域学習の一環としてある。西淀川地域でみられるように、地域環境保全は地域再生の一環であり、地域環境学習指導は、地域経済、社会福祉など具体的な地域課題に取り組みながら、地域の自然的、経済的、政治的、文化的自立など地域全体に目を向けた地域再生の学習指導へと発展する端緒となる。

終章　環境保全主体形成の助成・支援としての環境教育

◆環境についての教育は二重構造

最後に、終章として環境教育のあり方について、基礎論としてごく初歩的なことを二つ述べておきたい。その一つは、環境教育が二重構造になっているということである。その根拠は、二つある。一つは、二章で明らかにしたように、環境には、環境一般（これを環境Eとする）と、宮本のいう、共同的非排除的歴史的土着的環境（これを環境eとする）の二つがあることである。この二つの環境の関係は、環境eが環境Eの一部、あるいは一面であり、概念的には環境Eの中に包含されているというものである。第二の根拠は、第二部で検討した、自然認識や自然へのはたらきかけ、産業など経済活動なども、人間の、その環境Eとのかかわりであるということである。そして、環境教育は、環境保全教育として環境eを中心とした世界を領域に限定し、それとは別に、環境Eを中心とした人間と環境との関係を領域とした教育が必要とされる。

二章で検討したことをくり返すことになるが、道具を例にするならば、建物や車といった道具は、一般的に環境とみることはない。人間が他のもの、人間にはたらきかけて改変するための手段として使われるものである。しかし、人間を取り巻いているものとしてなんらかの環境としての意味の環境Eであることにはまちがいない。また、道具は、それを所有している人や使用する人にとっては道具であるが、他の人にとっては単なる物体である。そして、物体であることによって、景観を形成したり、それにつまずいて行動が妨げられたりするなど、環境eとなる。

かつての里山の一部であった薪炭林は、農村に住む人たちにとっては、自分を取り巻いて存在している環境Eである。が、通常の意味の環境eとはとらえることはなく、燃料の生産の場である。その所有者、働く人、えられたものを利用する人以外の人たちにとっては、環境eである。

農村の中を流れる小川の堤防についてみると、それは、農民をとりまき、かかわりをもっているものであるから、環境Eであるが、また大雨の時の川の氾濫を防ぐ施設（道具）でありながら、氾濫を防ぐという環境保全に役立っている環境eである。

環境Eは、あるものは経済活動の対象であり、あるものは認識の対象となる。また芸術のような表現活動にヒントをあたえるものとしての環境である。が、これらを環境教育としてとり上げるわけにはいかない。もしとり上げるとすれば、人間存在の基盤にあたる自然との関係のすべてが環境教育の領域になる。食糧の生産も消費も環境教育の課題となる。感染症や害虫による被害も、その予防・治癒も、環境教育の領域となる。農業教育も工業教育も、商業教育も環境教育の一部となる。四章や五章で論じたように、自然学習も農業学習も、環境教育として指導した考え方には、自覚されているかどうかは別として、環境Eを環境教育の領域と考えたことから生まれたものである。SDの教育も、経済発展と環境保全の調和をめざす教育というように、狭く考えた場合に、経済活動は、産業活動など人間と自然とのかかわりがあるから、それは、環境Eについての教育となる。

◆教育とは子どもの育ちを助成・支援すること

つぎに明確にしておかなければならないことは、環境教育は、教育の一つであり、子どもを育てることを目的にしているということである。育てるということは、子どもの育ちに加勢する、助成・支援するということになる。育つということは、子ども自身の主体的なことである。育つとは、環境へのはたらきかけ、環境からの影響など、環境との様々なかかわりの中で、自分自身を変えていく、自己変革の過程である。したがって、「環境教育とは何か」と問われて、「環境の教育」とか「環境のための教育」とか「環境の中での教育」などと答えるのは、教育に対する考え方に、根本的な問題がある。環境教育は、厳密に言えば、子ども・若者自身による「環境保全主体形成」を意図的に助成・支援する社会的行為である。

子どもの育ちは、多面的であり、それには、教育全体で対応しなければならない。環境教育は、教育全体の中の一つの分科であるから、子どもの多面的な育ちのどの面について助成・支援するのかを明確にしなければならない。ここに、環境教育の独自性がある。この場合の多面的とは、子どもの育ちは、さまざまな物質、生きもの、人間とのかかわりの中で、それぞれ別々の対応をする中で実現する。そして、そうした多面的な様相をみせながら、それらが相互に連関して、一人の人間としての生き方がかたちづくられていくというのが、子どもの成長・発達である。

◆環境教育とは

環境教育は、子どもの多面的な自己変革の中の、環境eとのかかわりについての育ちに対する助成・支援であり、その目標とするところは、一人ひとりの子どもが、その生涯にわたって、環境eとどのようにかかわれば、人間的な生活を営むことができるかということについての、基礎的な能力を身に付けるための支援・助成ということになる。このように定義すると、環境教育は、子ども自身による環境主体形成を助成・支援する社会的営みということになる。しかし、現在のように、環境破壊が絶えることなく、環境悪化が進んでいる状況の中では、「環境保全主体形成」の支援・助成というべきであろう。そして、教育全体の目的である人格の完成（人間性の確立）の一角に、環境保全主体形成を位置づけることになる。その学習指導の具体的目標となることは、つぎのようなものにすべきではないか。

(a)　環境保全主体の自覚

(a)—1　環境保全の自覚（良質の環境を享受し、その形成のために行動することを基本的人権の具体の一つとして自覚するとともに、他の人々の環境権を保証する）

(a)—2　環境保全行動の実践性の自覚

(a)—3　環境保全について不断の学習を積み重ねることの自覚

(a)―4　環境保全についての他の人たちとの交流と連帯の自覚
(b)　環境保全観の形成
(b)―1　環境保全とは何かを明確にする
(b)―2　人間にとって良質の環境とはどういうものかを追求する
(b)―3　人間における「主体――環境」関係の歴史と現実を認識する
(b)―4　環境との関係における社会的諸関係を理解する
(b)―5　自然とその実態と、その環境との関係を認識する
(c)　環境保全のための方法の取得

これらの目標に向かって学習指導するために、現実の人間の環境としてある自然との関係とその歴史的背景についての認識が必須の条件となる。人間は、その環境として存在している自然とどのようにかかわり、どのように改変してきたか。そのことが人間自身に対してどのような影響を生み出したか。これによって現実にそくした環境観を形成することが必要であり、それは自然学習や農業学習など、他の学習指導における「環境E」に関する学習指導によることになる。

こうした知的営為によらなければ、環境保全観は空想の域から脱することはできない。将来は、現在の継承と変革によって現実のものとなるから、何よりも現実を直視しなければならない。そして現在は

過去からの歴史的過程のなかで生まれたものである。環境保全観の形成と環境保全の方法を身につけさせる上で参考にすべき事実はこれしかない。また環境保全の実践性の自覚は、さまざまなことが基礎となるだろうが、何よりも人間の環境との関係についての将来展望がもてることが大事な基礎となっている。そうした展望は、明確な環境保全観をもつとともに、人々が現に主体的に環境保全活動に取り組み、成果をおさめている現実を認識することが一つの重要な拠り所となる。

あとがき

私は、一九五八（昭和三三）年に高校の生物教育の教師になり、教科書に沿いながら、生物学の基礎を教えるという方針のもとに授業を始めた。しかし、その当時授業で使っていた教科書の内容は、大学で学んだこととは大きくかけ離れた、現代の生物学の成果を教えるという観点からのものではなく、また基本となることがほとんど教えられるようにはなっておらず、具体的な事実が個別的に羅列されているに過ぎなかった。文部省が示した学習指導要領の理科の指導方針では、生物学の基礎を教えることはできないと考え、三年後の一九六〇年から自分で授業計画を立て、教科書とは別に独自の授業用書をつくって授業するようになった。

しかし、一九六〇年代になって顕在化してきた公害問題に直面して、この指導方針が揺らぎ始めた。公害反対運動の中で、科学の社会性が問われるようになり、科学批判が強まったからである。多くの教師が公害学習の指導に取り組むようになった。しかし一九八五年まで公害教育も環境教育も一切実践せず、揺らぎの中で、「公害教育は生活単元学習の一種か」という小文を発表した。それは、自然科学の基礎を教えることと、自然科学の社会性を問う授業との間の不整合に対する苛立ちがもとになっていた。

動揺を与えたものはほかにもあった。公害には、企業活動という社会的営為による排出物の化学的な性質によって、健康障害など生物的な害作用を及ぼし、生活の破壊という社会的問題を発生させていた。そこには、社会的な問題であるとともに自然的問題であるという両面がみられた。公害を自然科学的に取り扱えば、単なる化学的・生物学的事象にすぎず、公害の本質を学ばせることはできない。また社会的な問題に限れば、直接人体に悪影響を及ぼすという、重要な面を見逃すことになる。公害は自然科学教育では処理することができない面がある。それは、自然科学が明らかにした自然、生物世界の姿を学ばせることとは異なる、総合性が要求される教育的課題をふくんでいると感じた。こうしたことから、さまざまな具体的な事象を自然性と社会性に分けてとらえる中で、自然科学的視点からのみとらえることの問題点が明確になってきた。すべての事象は、自然的であり、社会的であると。この両面からとらえなければ、現実に迫ることはできないと。

しかし、ここにも新たな問題が現われた。公害など具体的な社会的課題に対して教育的に対応しても、それらは個々別々に学ばせることになる。全体として、子どもの成長に則した系統性をもった授業計画にすることはできないことに気づいた。

こうした中で、自然史教育としての生物教育という構想をもった。教育は、いわば歴史的な営みであり、子どもが、自身ととりまく世界（社会・自然）の将来展望を明確にするために助成・支援するところに役割があるという考え方である。第二の理由は、個々には総合的に指導されながら、そうした将来展望をもつという歴史的な視点によって、個々の教育内容をたがいに結びつけて、系統性をもたせることができると考えた。

そして、一九八五年から授業用書『人間と生物的自然、その歴史』をつくり、「人間と生物世界の関係史」の授業を進めるようになった。また、その中に公害問題や、地域環境を利便性、安全性、健全性、環境保全、自然性、公共性の六つの面から四〇項目近い指標を設定して調査し、評価する実地調査と、古地図と実地調査による、地域の土地利用からみた自然の変化をとらえる学習を指導するようになった。このことによって、人間生活と生物学、農業など産業と生物学との関係についても学べるようにした。こうした研究と教育の実際の中で、環境教育に関心をもち、環境保全についての教育と、「人間と環境である自然との関係」について教育とは別のものであり、後者が環境保全に関する教育の基盤に位置していることに気づいた。

この書は、こうした生物教育の研究と実践の中で生まれたものである。多くの方のご批判をいただきたい。

末尾ながら、生物と環境について基本を考えるきっかけを与えて下さった故沼田眞先生、人間論の基本について多くのことを学ばせていただいた小原秀雄先生、環境をめぐる教育社会学視点について学ばせていただいた藤岡貞彦先生に深く感謝する。また、現在困難な状況の中で、出版をお引き受け下さった高須夫妻と拙い文章に対して助成して下さった緑風出版の皆様に謝意を表わす。

注・引用文献

序章　環境教育の誕生まで

1　岩田好宏、環境教育とその構造を考える、(『教育』六三四号、一九九八年) の一部をとり出し、改変したものである。
2　安藤聰彦・新田和子、一九九六年、文献解題、人間と環境のかかわりをとらえなおす、季刊『人間と教育』10号
3　小橋佐知子、一九九一年、自然認識を育てる環境教育—理科、『日本の環境教育』、河合出版
4　北野日出男・木俣美樹男、一九九六年、『環境教育論』、培風館
5　板倉聖宣ほか編、一九八六年、『理科教育史資料』第四巻、東京法令出版
6　前掲5
7　前掲5
8　Yoshida.M. 1993' The present status of environmental education in Japan. Hale.M. ed., Ecology in Education.Cambridge University Press.
9　成城学園澤柳政太郎全集刊行会編、一九七九年、『澤柳政太郎全集』第四巻、国土社
10　志摩陽伍編、一九七〇年、『近代日本教育論集』第三巻、国土社
11　岩田好宏、一九七三年、私の自然保護教育、『全国自然通信』23号
12　ベイリ著 (宇佐見護訳)、一九七二年、『自然学習の思想』、明治図書
13　沼田眞、一九八二年、『環境教育論』、東海大学出版会

14　環境科学研究所訳、一九七二年、『人間環境宣言』、日本総合出版機構
15　藤岡貞彦、一九八五年、日本における環境学習の成立と展開、『環境教育の理論と実践』、あゆみ出版
16　前掲14
17　前掲14
18　林智、一九九一年、環境教育、『サスティナブル・ディベロプメント―成長・競争。共存へ―』法律文化社
19　前掲14

一章　都市環境と農村環境――人間世界の特徴

1―1　岩田好宏、二〇一〇年、『植物誌入門』、緑風出版
1―2　Abe S. et al. 2008.Population Maintenance of the short-lived Shrub Sambucus in a deciduous Forest. *Ecology*.
1―3　前掲1―1
1―4　小原秀雄、二〇〇七年、『小原秀雄著作集4　人間（ヒト）学の展望』、明石書店
1―5　岩田好宏、二〇〇八年、『「人間らしさ」の起原と歴史』、ベレ出版
1―6　新村出編一九九一年、『広辞苑第四版』、岩波書店
1―7　前掲1―1
1―8　C・フレイヴィン、二〇〇七年、はじめに、『地球白書二〇〇七～二〇〇八』、ワールドウォッチジャパン
1―9　中野尊正・沼田眞・半谷高久・安部喜也、一九七四年、『生態学講座　都市生態学』、共立出版
1―10　前掲1―4

1―11　前掲1―4
1―12　岩田好宏、一九八二年、地域自然史教育論序説、『生物科学』第34巻第3号、岩波書店

二章　人間における「主体――環境」関係

2―1　岩田好宏、一九九八年、『植物観察学入門―校庭の植物誌』、新生出版
2―2　新村出編、一九九一年、『広辞苑』第四版、岩波書店
2―3　沼田眞、一九九二年、環境、東京学芸大学野外教育実習施設編『環境教育辞典』、東京堂出版
2―4　林智、一九九二年、環境、環境教育事典編集委員会編『環境教育事典』、労働旬報社
2―5　澁谷壽夫、一九五六年、『生態学の諸問題』、理論社
2―6　ユクスキュル（日高敏隆訳）、二〇〇五年、『生物から見た世界』、岩波書店
2―7　日高敏隆、二〇〇五年、訳者あとがき、ユクスキュル（日高敏隆訳）、『生物から見た世界』、岩波書店
2―8　小原秀雄、二〇〇七年、『人間（ヒト）学の展望』、明石書店
2―9　岩田好宏、二〇〇八年『「人間らしさ」の起原と歴史』、ベレ出版
2―10　小原秀雄・岩城正夫、一九八四年、『自己家畜化論』、群羊社
2―11　これは、すでに裁判所の和解宣告を受けて、加害者であり被告であった川崎製鉄と、被害者であり原告であった地域住民の間で、謝罪と賠償金の支払いを主な条件として和解が成立している。
2―12　鈴木正氣、一九七八年、『川口港から外港へ』、草土文化
2―13　宮本憲一、一九八九年、『環境経済学』、岩波書店
2―14　前掲2―10
2―15　尾本惠市編著、二〇〇二年、『人類の自己家畜化と現代』、人文書院

2―16　伴昌彦・宮本雅美・丸山直樹、二〇〇〇年、日光のノイヌの糞内容、『野生生物保護』1(2)
2―17　北村和夫、二〇〇〇年、『環境教育と学校の変革』、農山漁村文化協会
2―18　津本忠治、二〇〇五年、早期教育はほんとうに意味があるのだろうか、井原康夫編著『脳はどこまでわかったか』、朝日新聞社
2―19　狩野方伸、二〇〇五年、経験を積み重ねてつくられる神経回路、井原康夫編著『脳はどこまでわかったか』、朝日新聞社

三章　野生世界と生物多様性

3―1　新村出編、一九九一年、『広辞苑』第四版（岩波書店）など。
3―2　白川静、一九九六年、『字通』、平凡社
3―3　山田常雄ほか三名、一九六〇年、『岩波生物学辞典』、岩波書店
3―4　沼田眞編、一九八三年、『生態学辞典』増補改訂版、築地書館
3―5　もしこうした帰化植物を図鑑から除いたら、専門家は別として、一般市民には、図鑑としてほとんど役に立たなくなる。それほどに野外に生活している普通にみられる植物には帰化植物が多い。
3―6　日本国語大辞典第二版編集委員会・小学館国語辞典編集部編、二〇〇〇〜二〇〇二年『日本国語大辞典』第二版、小学館
3―7　ヘボン編、一八八六年、『改正増補和英語林集成』第三版（初版『和英語林集成』を改訂して刊行されたもの）。
3―8　河村重次郎編、一九七七年、『新クラウン英和辞典』第四版、三省堂
3―9　岩田好宏、二〇〇八年『「人間らしさ」の起原と歴史』、ベレ出版

3―10　前掲3―9
3―11　小尾信彌、二〇〇三年、宇宙からみた人間、小林直樹編『総合人間学の試み』、学文社
3―12　岩田好宏、二〇一〇年、義務教育と科学リテラシー、『日本の科学者』第46巻、第2号

四章　環境学習と自然学習

4―1　日本自然保護協会編、一九八四年、『自然観察ハンドブック』初版、思索社
4―2　新村出編、一九七六年、『広辞苑』第二版補訂版、岩波書店
4―3　小川潔、二〇〇八年、自然保護教育の展望、小川潔・伊藤静一・又井裕子編著『自然保護教育論』、筑波書房
4―4　分裂前の日本教職員組合が、一九七四年に設置した。
4―5　前掲4―2
4―6　ベイリ（宇佐美寛訳）、一九七二年、『自然学習の思想』、明治図書
4―7　中内敏夫著、一九九八年、「内なる自然」の構造、『中内敏夫著作集I』、藤原書店
4―8　高橋治、一九九八年、『蕪村春秋』、朝日新聞社

五章　環境学習と農業学習

5―1　岩田好宏、二〇〇六年、授業実践「農民日誌を読む」の記録、『子どもと自然学会誌8』第3巻第2号
5―2　澁谷壽夫・岩浅農也、一九七九年、『農業教育基礎講座第I巻、教育にとって農業とは』、農山漁村文化協会
5―3　岩田好宏、一九八七年、農業教育と生物学教育．『教育』四八八号

5―4　宮原誠一、一九七六年、宮原誠一教育論集』第1巻、国土社
5―5　前掲5―2
5―6　クラーク・ピゴット、一九七〇年、『先史時代の社会』、法政大学出版局

六章　環境学習とEducation for Sustainable Development

6―1　中村尚司、一九九二年〈解説〉過剰開発か永続可能な発展か、マイケル・レッドクリフ（中村尚司・古沢広祐監訳）『永続的発展』、学陽書房
6―2　和訳語だけでなく、原語のSustainable Developmentそのものにさまざまな解釈があり、国際的にみても混乱がはげしく現われていることも関係している。また、こうした混乱は、学問的な後進性がきわめて強い日本の学界にとくに顕著に現れ、和訳、漢語化されることなく、カタカナ表現の外来語の氾濫とも強く関係している。カタカナ表現外来語を使うことによって、既存の類似した概念、あるいは対立した概念との関係を、言語体系として無視することになり、英語ないし外国語のもつ言語体系に則した思考様式をとることになる。
6―3　森田恒幸・川島康子、二〇〇六年、「持続可能な発展論」の現状と課題、淡路剛久ほか編『持続可能な発展：リーディングス環境』第5巻、有斐閣（初出は、『三田学会雑誌』第八五巻第四号、一九九三年）
6―4　鶴見和子、一九八九年、内発的発展論の系譜、鶴見和子・川田侃編著『内発的発展論』、東京大学出版会
6―5　Dudley Seers.1969.“The Meaning of Development”.The Institute of Development Studies (IDS) at the University of Sussex.
6―6　鶴見和子は、原文のDevelopmentに対して「発展」を、Personalityに対しては「パーソナリティ」と

いう語を当てているので、鶴見からの引用の場合はこれにならう。

6―7　前掲6―4

6―8　前掲6―4

6―9　前掲6―4

6―10　環境庁（現環境省）・外務省、一九九三年、『アジェンダ21』（エネルギージャーナル社）はその例。

6―11　宮本憲一、二〇〇六年、『維持可能な社会に向かって』、岩波書店

6―12　前掲6―11

6―13　〈教育的とよばれている行為は、万人にとって避け難い世代交代の世界での出来事であって〉、中内敏夫、一九九八年、『中内敏夫著作集Ⅰ「教室」をひらく――新・教育原論』、藤原書店

6―14　諸々の民という意味。子どもと自然学会会則前文〈年齢、性別、国、宗教、民族、信条、職業などのちがいを認め合い、個性ゆたかな人々の、全体として多彩で多様な人々〉にあたる。

七章　「地域に根ざす」実践

7―1　鈴木正氣は、一九三一（昭和六）年島根県の生まれで、玉川大学文学部教育学科を卒業して、初めは玉川大学出版局編集部に勤務した。その後、茨城県日立市の二つの小学校に勤め、さらに滋賀大学教授となり、退職後茨城県水戸市に戻り、茨城県長倉小学校、浜田小学校の二つの小学校で教育実践にかかわった。

7―2　鈴木正氣、二〇〇九年、『授業で振り返るわたしの社会科教育実践史―教育実践と教師』（私家版）

7―3　鈴木正氣、一九七八年、『川口港から外港へ―小学校社会科教育の創造』、草土文化

7―4　一九七二年、文部省の学校統廃合の方針に対する反対運動「黒子小学校統廃合反対存続要求運動」がおこり、その中の「自主教育」への支援運動（茨城県高等学校教職員組合と茨城県教育研究サークル連絡協

議会が中心となった）に、鈴木はかかわった。その自主教育とは、鈴木の言葉を借りるならば、つぎのようである。〈公費の援助も、法律による保護も、教育委員会の統制もない教育であり、文字通り住民が運営する学校であった。どんな子の学力ものばすこと、生活指導をしっかりやること、のびのびした子をつくることがねらいとされ、支援組織の力で教師がさがし出され、お母さんたちが交代で給食の世話をした〉。鈴木は、土・日曜日に一〇〇km離れた黒子に出向き、その中で感じたことをつぎのように述べている。〈黒子の自主教育に関わって、私は自問自答せざるをえませんでした。「日立でこのような教育実践をしたことがあるだろうか」、「黒子のような状況の中では可能だが、日立ではできないということなのだろうか」と、黒子で見たものは、一つには、地域に根を下ろし生きてきた住民たちが蓄えてきた知恵と切実な願望、その上に教育を据え直してみる、いわば教育を地域という土台から据え直すこと、二つには、学問や科学の住民による問い直しであった、といえるのではないか。とするなら、日立でもできないことはあるまいと考えたのである。自主教育に関わっている真っ最中の4月、私は久慈小学校に転勤し、二年生とともに「地域に根ざす教育」実践の最初となる「うおをとる」に取り組むことになったのです〉。

7―5　前掲7―3

7―6　前掲7―3

7―7　前掲7―3

7―8　茨城県北西部の栃木県との県境の、那珂川流域に位置した御前山村（二〇〇〇年国勢調査によれば人口四四二八人）にある。実践が進められた当時の児童数は八五名（各学年とも単学級）の小規模小学校である。

7―9　大木勝司・鈴木生氣・藤井千春編著、二〇〇五年、『子どもの瞳が輝く授業　地域をともにつくる子どもたち』、ルック社

7―10　イラクサ科の多年生植物。自生種か外来種かわかっていないが、日本各地で栽培され、野原や道ばたにみられる。古来茎の皮を剥がして繊維とし、織物の材料とされてきた。地域によってはその加工品は特産品として高価で販売している。御前山村では、那珂川など川の土手に植えられて崩れるのを防いでいた。戦争中は、「からむし織り」にして供出したという歴史がある。

7―11　「岩田好宏、二〇一二年、山形県大井沢小中学校実践の分析、『子どもと自然学会誌』一三号」に基づく。

7―12　国民教育研究所編著、一九七六年『自然学習―大井沢小中学校の実践』、草土文化

7―13　最近では小川潔がつぎでふれられている。小川潔、二〇〇八年、自然保護教育の歴史と展開、『自然保護教育論』、筑波書房

7―14　前掲7―12では別の時代区分がされている。

[著者紹介]

岩田　好宏（いわた　よしひろ）

1936（昭和11）年2月、東京で生まれる。1958（昭和33）年3月に東京教育大学理学部生物学科を卒業。1958（昭和33）年から2008（平成20）年までの50年、高校教師として、また途中から大学講師として教職に就く。千葉県船橋市に在住。関心をもっている領域は、子どもと自然、環境教育、生物教育、人間学。

子どもと自然学会顧問（前会長）、人間学研究所副所長、野生生物保全論研究会顧問、総合人間学会理事（元事務局長）

[著書]

『「人間らしさ」の起原と歴史』ベレ出版、『野生生物保全事典』編著、緑風出版、『植物手帖　まちの野草編』晩聲社、『植物観察学入門』新生出版、『オス・メスから男・女へ、その歴史』新生出版、『生物学教育入門』新生出版、『植物誌入門』緑風出版

[訳書]

ウニフレッド・セルサム著『島のたんじょう』福音館書店

環境教育《かんきょうきょういく》とは何《なに》か——良質《りょうしつ》な環境《かんきょう》を求《もと》めて

2013年2月28日　初版第1刷発行　　定価2,000円＋税

著　者　岩田好宏 ©
発行者　高須次郎
発行所　緑風出版
〒113-0033　東京都文京区本郷2-17-5　ツイン壱岐坂
［電話］03-3812-9420　［FAX］03-3812-7262［郵便振替］00100-9-30776
［E-mail］info@ryokufu.com［URL］http://www.ryokufu.com/

装　幀　斎藤あかね　　装幀イラスト　岩田好宏
制　作　R 企 画　　印　刷　シナノ・巣鴨美術印刷
製　本　シナノ　　用　紙　大宝紙業・シナノ　　E1000

ISBN978-4-8461-1305-6　C0036